**Collins** *gem*

# THE ✹ TIMES

# Su Doku

*Compiled by Wayne Gould*

First published in 2005 by Times Books

HarperCollins Publishers
77-85 Fulham Palace Road
London, W6 8JB

**www.collins.co.uk**

© 2005 Wayne Gould

Reprint 10 9 8 7 6 5 4 3 2 1 0

*The Times* is a registered trademark of
Times Newspapers Ltd

ISBN 0-00-722588-1

A catalogue record for this book is available from the
British Library.

Printed and bound in Italy by Amadeus S.r.l.

# Contents

# Introduction

# Introduction

In Japan, they don't do many crosswords. They do Su Doku instead. Thousands of puzzles are devoured in train carriages and waiting rooms every day. Yet, although the name is Japanese – roughly translating as 'Number Place' – the puzzle itself, originally, may not be. A simpler version was created by Euler, the 18th century Swiss mathematician, and today's Su Doku puzzle is thought to have evolved from that. All puzzles in this book were created by Wayne Gould, a puzzle enthusiast and former Hong Kong judge. He came across Su Doku in a Tokyo bookshop, began making puzzles himself, and brought them to *The Times*.

The first puzzle appeared on the front cover of *T2* on 12 November, 2004. Within hours, readers were telephoning to demand a book. They haven't stopped.

Since then, the daily back page Su Doku puzzle has become a phenomenon. Thousands enter the newspaper's competition each day – battling to win a bottle of champagne by providing the correct solution before midday. Many readers have written in to say how much they enjoy the puzzles – including former Bletchley Park codebreakers who never miss a day, and computer enthusiasts who have created programmes to solve puzzles that they cannot.

Some readers, it is true, have been less delighted. Family feuds over who gets the back page at breakfast appear to have become commonplace. A few readers have complained that puzzles have been unsolvable (only to see the solutions published the following day), while others have been equally disgruntled to have solved them in minutes. One man even wrote to the editor to plead that no more puzzles appear. Apparently, he couldn't resist doing them on his daily tube journey, and he kept missing his stop.

Unlike a crossword, you don't need to speak any particular language to get sucked into a Su Doku puzzle. Indeed, technically speaking, you don't even need to know how to count. You simply have to fit every digit from 1–9, in any order, into each row (left to right), each column (top to bottom) and each box (of nine squares).

A good tip is to think initially in boxes, or better still, bands of boxes. Look for pairs of numbers, from which you can infer a third. If the top left box has a 7 in it, say, and the bottom left box also does, then it shouldn't be too hard to figure out where to put the 7 in the middle left box. Try working this way horizontally, too. If there seem to be two possibilities, just make a note, and move on.

Every puzzle can be solved from the clues provided, by logical steps from beginning to end. Done properly, a puzzle shouldn't require you to guess. Do remember - there is only one solution for each puzzle. If yours doesn't match the solution provided, look again because, somewhere, you've gone wrong. Good luck in there. And try to stay calm.

**Hugo Rifkind**

# Tips

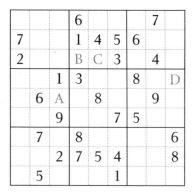

## Tips from Wayne Gould

**Where to begin? Anywhere you can!**

You could just guess where the numbers go. But if you guessed wrong – and the odds are that you would – you would get yourself in an awful mess.

You would be blowing away eraser-dust for hours. It's more fun to use reason and logic to winkle out the numbers' true positions.

**Here are some logic techniques to get you started.**

Look at the 7s in the leftmost stack of three boxes. There's a 7 in the top box and a 7 in the bottom box, but there's no 7 in the middle box. Bear in mind that the 7 in the top box is also the 7 for all of the first column. And the 7 in the bottom box is also the 7 for all of the second column. So the 7 for the middle box cannot go in columns 1 and 2. It must go in column 3. Within the middle box, column 3 already has two clues entered. In fact, there's only one free cell. That cell (marked A) is the only one that can take the 7.

**That technique is called slicing.**
**Now for slicing-and-dicing.**

Look at the 7s in the band across the top of the grid.
The leftmost box has its 7 and so does the rightmost
box, but the middle box doesn't have its 7 yet. The 7
in the righthand box accounts for all of the top row.
The 7 in the lefthand box does the same for the
second row, although in fact the second row of the
middle box is all filled up with clues, anyway. Using
our slicing technique, we know that the 7 must go in
cell B or cell C.

It's time to look in the other direction. Look
below the middle box, right down to the middle box
at the bottom of the grid. That box has a 7, and it's
in column 4. There can be only one of each number
in a column, so that means the 7 for the top-middle
box cannot go in cell B. It must go in cell C.

The numbers you enter become clues to help you make further progress. For example, look again at the 7 we added to cell A. You can write the 7 in, if you like, to make it more obvious that A is now 7. Using slicing-and-dicing, you should be able to add the 7 to the rightmost box in the middle band. Perhaps D stands for Destination.

If you have never solved a Su Doku puzzle before, those techniques are all you need to get started. However, as you get deeper into the book, especially as you start mixing it with the Difficult puzzles, you will need to develop other skills. The best skills – the ones you will remember, without anyone having to explain them ever again – are the ones you discover for yourself. Perhaps you may even invent a few that no one has ever described before.

# The Puzzles

# Easy

| 2 | 7 | 4 | 3 | 6 | 1 | 5 | 9 | 8 |
| 6 | 3 | 1 | 5 | 8 | 9 | 4 | 2 | 7 |
| 8 | 5 | 9 | 7 | 4 | 2 | 3 | 1 | 6 |
| 7 | 8 | 2 | 4 | 5 | 3 | 1 | 6 | 9 |
| 4 | 6 | 3 | 9 | 1 | 7 | 2 | 8 | 5 |
| 9 | 1 | 5 | 6 | 2 | 8 | 7 | 3 | 4 |
| 1 | 2 | 6 | 8 | 7 | 4 | 9 | 5 | 3 |
| 5 | 9 | 7 | 1 | 3 | 6 | 8 | 4 | 2 |
| 3 | 4 | 8 | 2 | 9 | 5 | 6 | 7 | 1 |

Easy

| 2 | 9 | 1 | 5 | 8 | 4 | 3 | 7 | 6 |
|---|---|---|---|---|---|---|---|---|
| 4 | 6 | 5 | 1 | 7 | 3 | 2 | 9 | 8 |
| 3 | 8 | 7 | 2 | 6 | 9 | 4 | 1 | 5 |
| 6 | 2 | 4 | 7 | 5 | 1 | 9 | 8 | 3 |
| 7 | 3 | 8 | 6 | 9 | 2 | 5 | 4 | 1 |
| 5 | 1 | 9 | 3 | 4 | 8 | 7 | 6 | 2 |
| 1 | 7 | 3 | 9 | 2 | 6 | 8 | 5 | 4 |
| 8 | 5 | 6 | 4 | 3 | 7 | 1 | 2 | 9 |
| 9 | 4 | 2 | 8 | 1 | 5 | 6 | 3 | 7 |

Su Doku

| 2 | 3 | 5 | 4 | 9 | 7 | 6 | 8 | 1 |
| 9 | 7 | 4 | 1 | 6 | 8 | 3 | 5 | 2 |
| 6 | 8 | 1 | 3 | 2 | 5 | 7 | 9 | 4 |
| 5 | 4 | 9 | 8 | 1 | 3 | 2 | 7 | 6 |
| 8 | 2 | 7 | 5 | 4 | 6 | 1 | 3 | 9 |
| 1 | 6 | 3 | 2 | 7 | 9 | 8 | 4 | 5 |
| 4 | 9 | 6 | 7 | 3 | 2 | 5 | 1 | 8 |
| 7 | 5 | 2 | 9 | 8 | 1 | 4 | 6 | 3 |
| 3 | 1 | 8 | 6 | 5 | 4 | 9 | 2 | 7 |

Easy

**4**

| 3 | 1 | 8 | 4 | 2 | 7 | 6 | 5 | 9 |
| 2 | 5 | 4 | 6 | 1 | 9 | 8 | 7 | 3 |
| 7 | 9 | 6 | 8 | 5 | 3 | 1 | 2 | 4 |
| 4 | 7 | 5 | 2 | 3 | 1 | 5 | 6 | 8 |
| 8 | 2 | 1 | 9 | 6 | 5 | 4 | 3 | 7 |
| 6 | 3 | 5 | 7 | 8 | 4 | 2 | 9 | 1 |
| 5 | 6 | 3 | 1 | 9 | 8 | 7 | 4 | 2 |
| 1 | 4 | 2 | 3 | 7 | 6 | 9 | 8 | 5 |
| 9 | 8 | 7 | 5 | 4 | 2 | 3 | 1 | 6 |

Su Doku

| 4 | 1 | 9 | 2 | 7 | 6 | 8 | 5 | 3 |
|---|---|---|---|---|---|---|---|---|
| 8 | 2 | 3 | 5 | 4 | 1 | 6 | 7 | 9 |
| 7 | 5 | 6 | 9 | 8 | 3 | 1 | 2 | 4 |
| 5 | 8 | 1 | 7 | 6 | 4 | 9 | 3 | 2 |
| 2 | 9 | 4 | 1 | 3 | 5 | 7 | 6 | 8 |
| 3 | 6 | 7 | 8 | 2 | 9 | 5 | 4 | 1 |
| 6 | 7 | 8 | 4 | 9 | 2 | 3 | 1 | 5 |
| 1 | 3 | 2 | 6 | 5 | 8 | 4 | 9 | 7 |
| 9 | 4 | 5 | 3 | 1 | 7 | 2 | 8 | 6 |

Easy

**6**

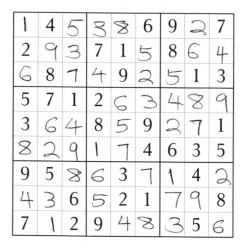

| 1 | 4 | 5 | 3 | 8 | 6 | 9 | 2 | 7 |
| 2 | 9 | 3 | 7 | 1 | 5 | 8 | 6 | 4 |
| 6 | 8 | 7 | 4 | 9 | 2 | 5 | 1 | 3 |
| 5 | 7 | 1 | 2 | 6 | 3 | 4 | 8 | 9 |
| 3 | 6 | 4 | 8 | 5 | 9 | 2 | 7 | 1 |
| 8 | 2 | 9 | 1 | 7 | 4 | 6 | 3 | 5 |
| 9 | 5 | 8 | 6 | 3 | 7 | 1 | 4 | 2 |
| 4 | 3 | 6 | 5 | 2 | 1 | 7 | 9 | 8 |
| 7 | 1 | 2 | 9 | 4 | 8 | 3 | 5 | 6 |

Su Doku

| 4 | 2 | 7 | 6 | 3 | 8 | 1 | 5 | 9 |
| 1 | 3 | 5 | 2 | 7 | 9 | 8 | 4 | 6 |
| 9 | 6 | 8 | 4 | 5 | 1 | 2 | 7 | 3 |
| 6 | 5 | 9 | 1 | 2 | 4 | 7 | 3 | 8 |
| 2 | 7 | 4 | 8 | 6 | 3 | 5 | 9 | 1 |
| 8 | 1 | 3 | 5 | 9 | 7 | 4 | 6 | 2 |
| 5 | 9 | 1 | 7 | 8 | 6 | 3 | 2 | 4 |
| 3 | 8 | 2 | 9 | 4 | 5 | 6 | 1 | 7 |
| 7 | 4 | 6 | 3 | 1 | 2 | 9 | 8 | 5 |

Easy

**8**

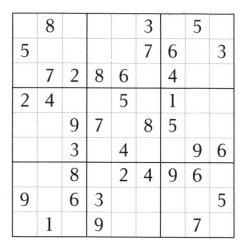

Su Doku

| | 8 | | 5 | | | | 4 | |
|---|---|---|---|---|---|---|---|---|
| 2 | | | | 3 | | 9 | | 7 |
| | 7 | 9 | | 2 | 4 | 3 | | |
| | | 8 | 6 | | 1 | | | 9 |
| | 6 | 7 | | 8 | | 5 | 3 | |
| 1 | | | 3 | | 5 | 8 | | |
| | | 6 | 4 | 1 | | 7 | 2 | |
| 7 | | 5 | | 6 | | | | 8 |
| | 2 | | | | 9 | | 1 | |

Easy

| 6 |   |   |   | 3 | 8 | 2 |   | 5 |
|---|---|---|---|---|---|---|---|---|
|   |   | 1 | 9 |   |   | 8 |   |   |
| 2 | 7 |   | 5 |   |   |   | 3 |   |
| 7 |   |   |   | 6 |   | 9 | 2 |   |
| 8 |   |   | 1 |   | 9 |   |   | 7 |
|   | 2 | 3 |   | 5 |   |   |   | 1 |
|   | 3 |   |   |   | 4 |   | 8 | 2 |
|   |   | 9 |   |   | 1 | 5 |   |   |
| 1 |   | 2 | 3 | 8 |   |   |   | 4 |

Su Doku

| 3 | 9 |   | 8 | 5 | 4 |   |   |   |
|   | 5 | 6 | 7 |   | 1 |   | 3 |   |
| 8 |   |   |   | 2 | 9 |   |   |   |
|   |   |   |   |   |   | 4 | 9 |   |
| 9 | 7 |   | 3 |   | 5 |   | 2 | 8 |
|   | 6 | 5 |   |   |   |   |   |   |
|   |   | 1 | 4 |   |   |   |   | 6 |
|   | 2 |   | 1 |   | 7 | 3 | 4 |   |
|   |   |   | 5 | 8 | 3 |   | 1 | 7 |

Easy

| 9 |   |   | 6 |   | 1 |   | 8 | 2 |
|---|---|---|---|---|---|---|---|---|
| 3 |   |   | 5 |   |   | 7 |   |   |
|   | 4 | 8 |   | 3 | 2 | 5 |   |   |
| 6 |   | 9 |   |   |   |   | 5 | 7 |
|   |   | 7 |   | 8 |   | 6 |   |   |
| 4 | 5 |   |   |   |   | 8 |   | 9 |
|   |   | 6 | 2 | 7 |   | 4 | 1 |   |
|   |   | 4 |   |   | 9 |   |   | 5 |
| 8 | 2 |   | 4 |   | 6 |   |   | 3 |

Su Doku

| | 5 | | 6 | | | 2 | | |
|---|---|---|---|---|---|---|---|---|
| | 4 | | | 9 | 7 | | 3 | 8 |
| 6 | | 8 | | 3 | | 1 | | |
| | 3 | | | 5 | | | | 7 |
| | 9 | 2 | 7 | | 3 | 5 | 4 | |
| 7 | | | | 4 | | | 8 | |
| | | 3 | | 7 | | 8 | | 1 |
| 5 | 8 | | 3 | 6 | | | 2 | |
| | | 6 | | | 4 | | 5 | |

Easy

| | | | | 2 | 7 | | 1 | 5 |
|---|---|---|---|---|---|---|---|---|
| 2 | | | | 9 | 4 | | 8 | |
| 1 | 9 | | 8 | 3 | | 6 | | |
| | 5 | | 4 | | | | 3 | |
| 6 | | 8 | | | | 1 | | 7 |
| | 4 | | | | 8 | | 9 | |
| | | 6 | | 4 | 2 | | 5 | 9 |
| | 7 | | 3 | 1 | | | | 2 |
| 9 | 3 | | 5 | 8 | | | | |

Su Doku

| 7 |   |   |   |   |   | 8 |   | 3 |
|---|---|---|---|---|---|---|---|---|
|   | 6 | 5 | 7 | 3 |   |   | 9 |   |
| 8 |   |   |   | 4 | 5 |   | 1 |   |
|   |   | 6 |   | 1 |   |   | 4 |   |
|   | 9 | 8 | 4 |   | 2 | 5 | 7 |   |
|   | 1 |   |   | 5 |   | 6 |   |   |
|   | 2 |   | 9 | 8 |   |   |   | 7 |
|   | 7 |   |   | 2 | 3 | 4 | 6 |   |
| 6 |   | 3 |   |   |   |   |   | 5 |

Easy

**16**

| 4 |   |   |   |   | 1 |   | 8 | 6 |   |
|---|---|---|---|---|---|---|---|---|---|
|   | 6 | 7 | 8 |   | 9 |   |   |   |   |
|   | 9 | 3 | 2 |   |   |   |   | 4 |   |
| 5 |   | 8 | 4 |   |   |   |   |   | 1 |
| 9 |   |   | 3 |   | 8 |   |   |   | 2 |
| 2 |   |   |   |   | 1 |   | 7 |   | 4 |
|   | 8 |   |   |   |   | 4 | 5 | 9 |   |
|   |   |   | 6 |   |   | 7 | 2 | 1 |   |
|   | 5 | 1 |   |   | 8 |   |   |   | 3 |

Su Doku

|   | 5 | 2 |   | 6 |   |   | 7 |   |
|---|---|---|---|---|---|---|---|---|
| 8 |   | 1 | 7 |   |   |   |   | 2 |
|   |   |   |   | 4 | 2 |   | 3 | 1 |
|   |   | 8 | 6 |   | 4 |   | 1 |   |
| 6 |   | 3 |   | 5 |   | 9 |   | 4 |
|   | 7 |   | 3 |   | 1 | 2 |   |   |
| 2 | 3 |   | 5 | 7 |   |   |   |   |
| 4 |   |   |   |   | 6 | 3 |   | 5 |
|   | 9 |   |   | 2 |   | 8 | 6 |   |

Easy

**18**

| | | 2 | 6 | | | 4 | 7 | |
| | | 9 | 5 | | | 1 | | 8 | |
| 3 | | | | 8 | | | | 4 | 2 |
| 9 | | 1 | | | | | | 5 | 6 |
| 4 | | | 3 | | 5 | | | | 7 |
| 6 | 7 | | | | | | 8 | | 4 |
| 5 | 6 | | | 9 | | | | | 8 |
| | 9 | | 8 | | | 7 | 1 | | |
| | | 4 | 2 | | | 6 | 3 | | |

Su Doku

| 9 |   | 2 | 4 | 7 |   |   | 8 | 1 |
|   | 3 | 4 |   |   |   |   | 9 |   |
|   |   |   | 5 | 6 |   | 2 |   | 4 |
|   |   |   | 2 |   | 6 |   |   | 7 |
| 1 |   | 8 |   |   |   | 9 |   | 2 |
| 5 |   |   | 9 |   | 4 |   |   |   |
| 8 |   | 9 |   | 5 | 2 |   |   |   |
|   | 7 |   |   |   |   | 8 | 5 |   |
| 3 | 4 |   |   | 9 | 7 | 1 |   | 6 |

Easy

| 7 |   |   |   | 8 | 9 |   |   |   |
|---|---|---|---|---|---|---|---|---|
| 4 |   |   | 7 |   |   | 6 |   | 8 |
|   |   | 8 |   | 2 |   | 7 | 3 |   |
|   |   | 1 | 2 | 6 |   |   | 9 | 3 |
|   |   | 2 | 1 |   | 5 | 8 |   |   |
| 6 | 3 |   |   | 9 | 7 | 4 |   |   |
|   | 5 | 7 |   | 4 |   | 2 |   |   |
| 2 |   | 9 |   |   | 8 |   |   | 1 |
|   |   |   | 6 | 1 |   |   |   | 5 |

Su Doku

# Mild

|   |   |   | 4 |   | 8 |   |   |   |
|---|---|---|---|---|---|---|---|---|
| 1 |   | 6 | 7 |   | 9 | 5 |   | 4 |
|   | 8 |   |   | 1 |   |   | 6 |   |
|   |   | 5 | 6 |   | 1 | 8 |   |   |
| 7 |   |   |   |   |   |   |   | 3 |
|   |   | 4 | 9 |   | 7 | 2 |   |   |
|   | 5 |   |   | 8 |   |   | 3 |   |
| 2 |   | 8 | 3 |   | 4 | 7 |   | 6 |
|   |   |   | 2 |   | 5 |   |   |   |

Mild

| | | 2 | | 5 | | 6 | | |
|---|---|---|---|---|---|---|---|---|
| | 5 | | | | | | 8 | |
| 6 | | | 3 | | 7 | | | 4 |
| | 3 | 8 | | 7 | | 2 | 9 | |
| 1 | | | 8 | | 5 | | | 6 |
| | 6 | 7 | | 2 | | 3 | 1 | |
| 7 | | | 6 | | 3 | | | 2 |
| | 1 | | | | | | 5 | |
| | | 3 | | 8 | | 1 | | |

Su Doku

|   |   | 2 | 8 |   | 4 | 9 |   |   |
|---|---|---|---|---|---|---|---|---|
|   | 3 |   | 6 |   | 5 |   | 7 |   |
| 4 |   |   |   |   |   |   |   | 5 |
| 1 | 2 |   |   |   |   |   | 5 | 6 |
|   | 6 |   | 2 |   | 9 |   | 3 |   |
| 5 | 4 |   |   |   |   |   | 8 | 9 |
| 2 |   |   |   |   |   |   |   | 1 |
|   | 1 |   | 3 |   | 8 |   | 6 |   |
|   |   | 5 | 1 |   | 2 | 8 |   |   |

Mild

**24**

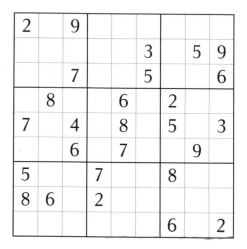

Su Doku

| 2 |   |   | 3 |   | 4 |   |   | 8 |
|---|---|---|---|---|---|---|---|---|
|   |   | 7 |   |   |   | 6 |   |   |
| 5 |   |   | 1 |   | 9 |   |   | 7 |
|   | 4 |   | 8 |   | 2 |   | 5 |   |
|   | 2 | 6 |   |   |   | 1 | 8 |   |
|   | 1 |   | 7 |   | 6 |   | 4 |   |
| 3 |   |   | 6 |   | 1 |   |   | 4 |
|   |   | 9 |   |   |   | 2 |   |   |
| 6 |   |   | 5 |   | 7 |   |   | 9 |

Mild

| 9 |   | 5 | 3 |   | 7 | 6 |   | 4 |
| 6 |   |   | 8 |   | 1 |   |   | 5 |
|   |   |   |   |   |   |   |   |   |
| 8 | 4 |   |   |   |   |   | 6 | 1 |
|   |   | 7 | 9 |   | 5 | 4 |   |   |
| 3 | 5 |   |   |   |   |   | 7 | 2 |
|   |   |   |   |   |   |   |   |   |
| 7 |   |   | 2 |   | 6 |   |   | 9 |
| 2 |   | 1 | 5 |   | 4 | 7 |   | 8 |

Su Doku

| | 1 | 4 | | 7 | | 6 | 2 | |
|---|---|---|---|---|---|---|---|---|
| | 3 | | 4 | | 2 | | 5 | |
| | | 6 | | | | 9 | | |
| 4 | | | 3 | 8 | 9 | | | 6 |
| | | | | | | | | |
| 8 | | | 1 | 4 | 5 | | | 2 |
| | | 7 | | | | 1 | | |
| | 9 | | 7 | | 6 | | 4 | |
| | 8 | 3 | | 9 | | 2 | 6 | |

Mild

| 6 | 4 |   |   | 7 |   |   | 1 | 2 |
|---|---|---|---|---|---|---|---|---|
| 9 |   | 8 | 4 |   | 2 | 7 |   | 3 |
|   |   |   |   |   |   |   |   |   |
|   |   | 2 | 6 |   | 5 | 1 |   |   |
|   |   | 3 |   |   |   | 4 |   |   |
|   |   | 4 | 2 |   | 7 | 5 |   |   |
|   |   |   |   |   |   |   |   |   |
| 7 |   | 1 | 9 |   | 3 | 2 |   | 6 |
| 2 | 8 |   |   | 1 |   |   | 9 | 5 |

Su Doku

| 8 | 1 |   | 6 |   | 7 |   | 5 | 9 |
| 6 | 2 |   |   |   |   |   | 1 | 4 |
|   |   | 7 | 8 |   | 6 | 5 |   |   |
|   |   |   | 5 | 3 | 9 |   |   |   |
|   |   | 9 | 1 |   | 4 | 6 |   |   |
| 5 | 3 |   |   |   |   |   | 7 | 2 |
| 9 | 7 |   | 4 |   | 2 |   | 8 | 5 |
|   |   |   |   |   |   |   |   |   |

Mild

| 4 |   |   | 3 |   |   |   |   | 6 |
|---|---|---|---|---|---|---|---|---|
|   |   |   | 1 |   | 7 |   |   |   |
| 8 |   | 7 | 6 |   | 4 | 3 |   | 1 |
| 5 |   | 1 |   |   |   | 8 |   | 9 |
|   | 2 |   |   |   |   |   | 6 |   |
| 3 |   | 4 |   |   |   | 1 |   | 5 |
| 7 |   | 3 | 2 |   | 9 | 6 |   | 8 |
|   |   |   | 3 |   | 6 |   |   |   |
| 1 |   |   |   | 7 |   |   |   | 4 |

Su Doku

|   |   | 8 | 4 |   | 6 | 9 |   |   |
|---|---|---|---|---|---|---|---|---|
|   |   | 5 |   |   |   | 3 |   |   |
| 2 |   |   | 1 |   | 3 |   |   | 6 |
|   | 1 |   | 3 |   | 4 |   | 9 |   |
| 7 |   |   |   | 6 |   |   |   | 5 |
|   | 6 |   | 8 |   | 5 |   | 1 |   |
| 4 |   |   | 5 |   | 8 |   |   | 7 |
|   |   | 7 |   |   |   | 4 |   |   |
|   |   | 1 | 2 |   | 7 | 8 |   |   |

Mild

**32**

| | | | 6 | | | 9 | | |
|---|---|---|---|---|---|---|---|---|
| | 9 | | | 1 | | | 4 | |
| | | | 8 | 3 | 5 | 7 | | |
| | 3 | 8 | | | 9 | 1 | | 7 |
| | 2 | | | | | | 6 | |
| 1 | | 9 | 8 | | | 3 | 5 | |
| | 8 | 6 | 7 | 4 | | | | |
| | 4 | | | 6 | | | 1 | |
| | | 3 | | | 2 | | | |

Su Doku

| 9 |   |   | 1 |   | 6 |   |   | 2 |
|---|---|---|---|---|---|---|---|---|
| 7 |   |   | 4 |   | 2 |   |   | 9 |
|   |   | 2 |   |   |   | 7 |   |   |
|   | 7 |   |   |   |   |   | 5 |   |
|   | 1 |   | 2 | 9 | 8 |   | 4 |   |
|   | 8 |   |   |   |   |   | 9 |   |
|   |   | 6 |   |   |   | 9 |   |   |
| 5 |   |   | 7 |   | 3 |   |   | 1 |
| 4 |   |   | 5 |   | 9 |   |   | 6 |

Mild

**34**

| 8 |   |   | 4 |   |   | 3 |   |   | 7 |   |   | 5 |
|---|---|---|---|---|---|---|---|---|---|---|---|---|
|   |   | 3 | 7 |   |   |   | 5 |   | 8 |   |   |   |
|   | 5 |   | 8 |   |   | 7 |   |   | 1 | 9 |   |   |
|   | 2 |   |   | 9 |   |   | 3 |   |   | 5 |   |   |
|   | 4 |   | 9 |   |   | 2 |   |   | 3 | 6 |   |   |
|   |   |   | 7 |   | 6 |   |   | 4 | 2 |   |   |   |
| 6 |   |   | 2 |   |   | 5 |   |   | 9 |   |   | 3 |
|   |   |   |   |   |   |   |   |   |   |   |   |   |

Su Doku

|   |   | 4 | 5 |   | 2 | 7 |   |   |
|---|---|---|---|---|---|---|---|---|
|   | 2 |   |   |   |   |   | 4 |   |
| 1 |   |   |   |   |   |   |   | 2 |
|   | 4 | 5 | 6 |   | 7 | 2 | 8 |   |
|   |   |   | 3 |   | 1 |   |   |   |
|   | 6 | 1 | 8 |   | 4 | 5 | 9 |   |
| 2 |   |   |   |   |   |   |   | 5 |
|   | 9 |   |   |   |   |   | 6 |   |
|   |   | 7 | 1 |   | 9 | 8 |   |   |

Mild

| 4 |   | 3 |   |   | 9 |   |   | 2 |
|   |   |   |   |   |   |   |   |   |
| 7 | 2 |   |   |   |   | 6 |   | 4 |
|   |   |   | 5 |   |   |   | 7 |   |
| --- |
|   |   | 5 |   |   | 4 |   |   | 6 |
|   |   |   | 6 |   | 3 |   |   |   |
| 1 |   |   | 2 |   |   | 8 |   |   |
| --- |
|   | 4 |   |   |   | 8 |   |   |   |
| 8 |   | 6 |   |   |   |   | 9 | 1 |
| 9 |   |   | 3 |   |   | 7 |   | 8 |

Su Doku

|   |   | 4 | 1 |   | 7 | 5 |   |   |
|---|---|---|---|---|---|---|---|---|
| 6 |   | 2 | 3 |   | 5 | 8 |   | 7 |
| 9 |   |   |   |   |   |   |   | 4 |
| 4 |   |   |   | 7 |   |   |   | 5 |
|   | 8 |   |   |   |   |   | 4 |   |
| 3 |   |   |   | 6 |   |   |   | 1 |
| 1 |   |   |   |   |   |   |   | 2 |
| 2 |   | 7 | 9 |   | 6 | 1 |   | 8 |
|   |   | 8 | 4 |   | 1 | 9 |   |   |

Mild

| | | 8 | | | | 1 | | |
|---|---|---|---|---|---|---|---|---|
| | 5 | | 9 | | 8 | | 7 | |
| 7 | | 1 | | 4 | | 9 | | 2 |
| | 3 | | 8 | | 4 | | 6 | |
| | | 4 | | | | 8 | | |
| | 2 | | 7 | | 9 | | 4 | |
| 4 | | 2 | | 6 | | 3 | | 8 |
| | 9 | | 4 | | 1 | | 2 | |
| | | 7 | | | | 4 | | |

Su Doku

| 9 | 4 |   |   |   |   |   | 8 | 5 |
|---|---|---|---|---|---|---|---|---|
|   |   | 5 | 4 |   | 9 | 7 |   |   |
|   | 6 |   | 1 |   | 8 |   | 4 |   |
| 5 |   |   |   | 6 |   |   |   | 4 |
|   | 9 |   |   |   |   |   | 7 |   |
| 6 |   |   |   | 1 |   |   |   | 9 |
|   | 8 |   | 5 |   | 7 |   | 2 |   |
|   |   | 1 | 8 |   | 3 | 6 |   |   |
| 2 | 7 |   |   |   |   |   | 3 | 8 |

Mild

| | | 1 | | | 2 | 9 | 3 | |
|---|---|---|---|---|---|---|---|---|
| 9 | 2 | | | | 7 | | 4 | |
| 7 | | | | | | | | 1 |
| 8 | 1 | | 5 | | 9 | | | |
| | | | | 8 | | | | |
| | | | 3 | | 4 | | 5 | 2 |
| 5 | | | | | | | | 9 |
| | 7 | | 2 | | | | 8 | 5 |
| | 4 | 6 | 8 | | | 7 | | |

Su Doku

|   | 5 |   | 4 |   |   | 7 |   |   |
|---|---|---|---|---|---|---|---|---|
| 7 |   | 9 | 1 |   | 6 |   |   |   |
|   | 3 |   |   |   |   |   |   | 1 |
|   |   | 6 |   |   | 4 | 1 |   | 8 |
|   | 7 | 1 |   |   |   | 2 | 4 |   |
| 4 |   | 5 | 3 |   |   | 6 |   |   |
|   | 8 |   |   |   |   |   | 3 |   |
|   |   |   | 2 |   |   | 1 | 5 |   | 4 |
|   |   | 4 |   |   |   | 3 |   | 2 |   |

Mild

| | 8 | | | | | | 4 | |
|---|---|---|---|---|---|---|---|---|
| | | 4 | 7 | | 2 | 9 | | |
| | | 6 | 8 | | 5 | 3 | | |
| 3 | | 8 | | 2 | | 5 | | 6 |
| 1 | | | | | | | | 2 |
| 6 | | 7 | | 8 | | 4 | | 3 |
| | | 9 | 4 | | 6 | 8 | | |
| | | 3 | 9 | | 1 | 2 | | |
| | 5 | | | | | | 3 | |

Su Doku

|   |   | 5 |   |   |   | 8 |   |   |
|---|---|---|---|---|---|---|---|---|
|   | 2 |   | 4 |   | 6 |   | 7 |   |
| 4 |   |   | 8 |   | 1 |   |   | 2 |
| 9 |   |   | 2 |   | 3 |   |   | 4 |
| 6 |   | 4 |   |   |   | 2 |   | 7 |
| 2 |   |   | 7 |   | 5 |   |   | 9 |
| 3 |   |   | 1 |   | 9 |   |   | 5 |
|   | 6 |   | 5 |   | 2 |   | 1 |   |
|   |   | 1 |   |   |   | 9 |   |   |

Mild

**44**

| | 9 | 6 | | | | 1 | 2 | |
|---|---|---|---|---|---|---|---|---|
| | | | | 4 | | | | |
| 5 | | | 9 | | 7 | | | 8 |
| 2 | | 5 | 3 | | 4 | 9 | | 1 |
| | | | | | | | | |
| 1 | | 7 | 8 | | 5 | 2 | | 6 |
| 7 | | | 4 | | 6 | | | 5 |
| | | | | 8 | | | | |
| | 4 | 9 | | | | 6 | 7 | |

Su Doku

| | 8 | | | | | | 9 | |
|---|---|---|---|---|---|---|---|---|
| | | 2 | 4 | | 3 | 1 | | |
| | | 3 | | 1 | | 5 | | |
| | 3 | 6 | 2 | | 8 | 9 | 1 | |
| 9 | | | | | | | | 2 |
| | 1 | 4 | 7 | | 5 | 6 | 3 | |
| | | 1 | | 7 | | 2 | | |
| | | 9 | 5 | | 1 | 8 | | |
| | 4 | | | | | | 6 | |

Mild

**46**

| | | 6 | | | | 9 | | |
|---|---|---|---|---|---|---|---|---|
| | | 2 | 4 | | | 3 | 8 | |
| 3 | | | | | 2 | | | | 4 |
| | 4 | 1 | 8 | | | 6 | 2 | 9 | |
| | | | | | | | | |
| | 3 | 8 | 1 | | | 2 | 7 | 6 |
| 5 | | | | 7 | | | | 8 |
| | | 9 | 3 | | | 4 | 6 | |
| | | 3 | | | | | 1 | |

Su Doku

| 2 | 7 | 3 | 8 |   |   | 9 |   |   |
|---|---|---|---|---|---|---|---|---|
|   |   |   |   |   |   |   | 6 |   |
| 8 |   |   |   | 4 |   | 5 |   | 3 |
|   |   |   |   | 1 | 4 | 7 |   |   |
|   |   | 4 | 6 |   | 7 | 3 |   |   |
|   |   | 6 | 9 | 8 |   |   |   |   |
| 9 |   | 1 |   | 6 |   |   |   | 5 |
|   | 5 |   |   |   |   |   |   |   |
|   |   | 2 |   |   | 5 | 1 | 4 | 9 |

Mild

**48**

| 9 |   | 8 |   |   | 2 |   | 3 |   |
|   |   |   |   |   |   |   | 9 | 4 |
|   | 7 | 5 |   |   | 9 |   |   |   |
|   |   |   | 1 | 2 |   |   |   |   |
| 7 | 2 |   | 3 |   | 5 |   | 1 | 9 |
|   |   |   |   | 6 | 8 |   |   |   |
|   |   |   | 7 |   |   | 6 | 4 |   |
| 4 | 8 |   |   |   |   |   |   |   |
|   | 9 |   | 2 |   |   | 7 |   | 3 |

Su Doku

|   | 7 |   | 3 |   | 8 |   | 5 |   |
|---|---|---|---|---|---|---|---|---|
| 9 |   | 4 |   |   |   | 8 |   | 6 |
|   |   |   |   |   |   |   |   |   |
| 2 | 4 |   |   | 7 |   |   | 6 | 5 |
| 5 | 6 |   |   | 9 |   |   | 1 | 8 |
| 7 | 9 |   |   | 1 |   |   | 2 | 4 |
| 8 |   | 7 |   |   |   | 1 |   | 3 |
|   | 2 |   | 9 |   | 1 |   | 4 |   |

Mild

|   | 7 |   |   | 4 |   |   |   |   |
|---|---|---|---|---|---|---|---|---|
|   | 1 | 9 |   | 2 |   | 7 |   |   |
|   |   |   |   |   | 7 | 9 |   | 5 |
|   |   | 5 |   | 1 | 9 |   | 3 | 4 |
|   |   | 2 |   |   |   | 6 |   |   |
| 9 | 4 |   | 8 | 3 |   | 5 |   |   |
| 2 |   | 1 | 3 |   |   |   |   |   |
|   |   | 3 |   | 6 |   | 8 | 9 |   |
|   |   |   |   | 5 |   |   | 1 |   |

Su Doku

# Difficult

| 6 |   |   | 9 | 5 |   |   |   | 1 |
|---|---|---|---|---|---|---|---|---|
|   | 2 |   |   |   |   |   |   |   |
|   |   |   | 4 |   |   | 8 | 2 |   |
| 2 |   |   |   | 6 |   | 1 |   |   |
| 9 |   | 3 | 5 |   | 4 | 2 |   | 7 |
|   |   | 8 |   | 3 |   |   |   | 4 |
|   | 4 | 5 |   |   | 6 |   |   |   |
|   |   |   |   |   |   |   | 7 |   |
| 3 |   |   |   | 2 | 5 |   |   | 8 |

Difficult

**52**

| | 4 | | 7 | 6 | | | | |
|---|---|---|---|---|---|---|---|---|
| | | | | | | | 5 | 7 |
| 8 | 7 | | 1 | 3 | | 6 | | |
| 2 | | | | | | 7 | 9 | |
| 4 | | | | | | | | 5 |
| | 1 | 5 | | | | | | 3 |
| | | 4 | | 9 | 2 | | 1 | 6 |
| 9 | 2 | | | | | | | |
| | | | | 7 | 1 | | 8 | |

Su Doku

| 2 |   |   |   | 6 | 5 |   |   |   |
|---|---|---|---|---|---|---|---|---|
|   |   | 1 |   |   |   | 3 |   |   |
|   | 9 | 7 |   | 2 |   |   | 4 |   |
|   | 4 |   |   |   |   | 7 | 5 |   |
|   |   |   | 6 |   | 1 |   |   |   |
|   | 3 | 2 |   |   |   |   | 9 |   |
|   | 2 |   |   | 9 |   | 5 | 7 |   |
|   |   | 4 |   |   |   | 8 |   |   |
|   |   |   | 3 | 5 |   |   |   | 2 |

Difficult

**54**

| | | | | | | | | 3 |
|---|---|---|---|---|---|---|---|---|
| | 4 | 5 | 1 | | | | | |
| 2 | | 7 | | 4 | | | 8 | 6 |
| | | | | 6 | 8 | | 4 | |
| 8 | | | | | | | | 7 |
| | 3 | | 4 | 9 | | | | |
| 9 | 7 | | | 2 | | 5 | | 8 |
| | | | | | 5 | 9 | 3 | |
| 1 | | | | | | | | |

Su Doku

|   |   | 1 |   | 7 |   | 9 | 2 |   |
| 8 |   |   | 9 |   |   |   | 7 |   |
| 7 |   |   | 1 |   |   |   |   |   |
|   |   | 6 |   | 9 |   |   | 8 |   |
|   |   |   | 5 |   | 2 |   |   |   |
|   | 1 |   |   | 4 |   | 7 |   |   |
|   |   |   |   |   | 1 |   |   | 5 |
|   | 4 |   |   |   | 8 |   |   | 7 |
|   | 8 | 5 |   | 3 |   | 6 |   |   |

Difficult

| | | 5 | | 9 | | | |
|---|---|---|---|---|---|---|---|---|
| 3 | | | | | | | | 7 |
| | 4 | 6 | 1 | | 2 | 9 | 5 | |
| | 8 | | | 5 | | | 4 | |
| 6 | 3 | | | | | | 8 | 1 |
| | 2 | | | 6 | | | 3 | |
| | 7 | 8 | 3 | | 5 | 1 | 2 | |
| 5 | | | | | | | | 8 |
| | | | 6 | | 8 | | | |

Su Doku

| | | | 6 | | 3 | | | |
|---|---|---|---|---|---|---|---|---|
| | | | | 5 | | | | |
| | 1 | 6 | | | | 3 | 9 | |
| | 3 | 2 | | 1 | | 9 | 7 | |
| | 6 | | 5 | | 9 | | 8 | |
| | 5 | 7 | | 2 | | 1 | 4 | |
| | 8 | 3 | | | | 5 | 2 | |
| | | | | 4 | | | | |
| | | | 9 | | 2 | | | |

Difficult

| | | | 9 | | | | | 8 |
|---|---|---|---|---|---|---|---|---|
| 4 | 6 | | | 8 | | 3 | | |
| 3 | | | | 4 | | 2 | | |
| | | 4 | | | 5 | | 7 | |
| 2 | | | | | | | | 3 |
| | 9 | | 3 | | | 1 | | |
| | | 8 | | 1 | | | | 2 |
| | | 1 | | 3 | | | 6 | 7 |
| 7 | | | | | 8 | | | |

Su Doku

| 6 |   | 7 |   |   | 4 |   |   | 3 |
|   |   |   |   | 8 | 5 |   |   |   |
|   | 5 | 8 |   |   |   |   |   |   |
| 2 |   | 9 | 5 |   |   | 3 |   | 8 |
|   | 3 |   |   |   |   |   | 7 |   |
| 7 |   | 4 |   |   | 1 | 9 |   | 5 |
|   |   |   |   |   |   | 8 | 2 |   |
|   |   |   | 1 | 3 |   |   |   |   |
| 9 |   |   | 4 |   |   | 1 |   | 7 |

Difficult

**60**

| | | | | | | 4 | 7 | |
|---|---|---|---|---|---|---|---|---|
| | | | | | 2 | 9 | 3 | |
| 2 | 8 | 9 | 7 | | | 6 | | |
| 1 | 4 | | | | | 5 | | |
| | 3 | | | | | | 8 | |
| | | 7 | | | | | 1 | 3 |
| | | 5 | | | 8 | 1 | 6 | 4 |
| | | 2 | 4 | 6 | | | | |
| | | 1 | 3 | | | | | |

Su Doku

| 7 |   |   |   | 5 |   |   |   | 9 |
|---|---|---|---|---|---|---|---|---|
|   |   |   |   | 3 |   |   |   |   |
| 5 | 4 | 6 |   |   |   | 2 | 7 | 3 |
|   | 2 |   | 7 |   | 1 |   | 3 |   |
|   |   |   |   | 8 |   |   |   |   |
|   | 8 |   | 9 |   | 3 |   | 1 |   |
| 2 | 3 | 7 |   |   |   | 8 | 5 | 6 |
|   |   |   |   | 7 |   |   |   |   |
| 1 |   |   |   | 6 |   |   |   | 7 |

Difficult

|   |   |   | 2 |   |   | 5 |   |   |
|---|---|---|---|---|---|---|---|---|
|   |   |   |   | 8 |   | 9 |   | 4 |
|   | 9 | 7 |   | 6 |   |   | 1 |   |
|   |   | 2 | 1 |   |   |   |   | 8 |
|   |   | 6 | 4 | 8 |   |   |   |   |
| 4 |   |   |   |   | 2 | 7 |   |   |
|   | 1 |   |   | 5 |   | 6 | 3 |   |
| 3 |   | 4 |   | 9 |   |   |   |   |
|   |   | 8 |   |   | 6 |   |   |   |

Su Doku

| | | | | | | | | |
|---|---|---|---|---|---|---|---|---|
| | | | | | | | | |
| 4 | 6 | | | | | | 2 | 5 |
| 9 | | | 5 | 6 | 2 | | | 7 |
| | 8 | 7 | 4 | | 1 | 9 | 6 | |
| | 4 | 9 | 7 | | 8 | 1 | 5 | |
| 8 | | | 2 | 9 | 3 | | | 4 |
| 7 | 1 | | | | | | 8 | 9 |
| | | | | | | | | |

Difficult

**64**

| 3 |   | 2 |   |   |   | 4 |   | 1 |
|---|---|---|---|---|---|---|---|---|
|   |   | 5 |   | 9 |   |   |   |   |
| 1 |   |   |   | 8 |   |   | 3 | 7 |
|   |   |   | 5 |   | 8 |   |   |   |
|   | 2 | 1 |   |   |   | 8 | 5 |   |
|   |   |   | 9 |   | 4 |   |   |   |
| 2 | 4 |   |   | 5 |   |   |   | 3 |
|   |   |   |   | 6 |   | 2 |   |   |
| 6 |   | 9 |   |   |   | 7 |   | 5 |

Su Doku

| 7 |   |   | 1 |   | 6 |   |   | 5 |
|   | 3 | 6 |   |   |   | 2 | 4 |   |
|   |   |   |   | 2 |   |   |   |   |
| 9 | 2 |   |   |   |   |   | 8 | 3 |
|   |   |   |   | 1 |   |   |   |   |
| 6 | 5 |   |   |   |   |   | 9 | 7 |
|   |   |   | 5 |   |   |   |   |   |
|   | 8 | 9 |   |   |   | 7 | 5 |   |
| 5 |   |   | 2 |   | 4 |   |   | 6 |

Difficult

| | | 8 | 4 | | | | | |
|---|---|---|---|---|---|---|---|---|
| | | 6 | | 9 | 3 | | | |
| | 9 | | | 1 | | | 2 | |
| | 3 | | 8 | | | 7 | 1 | |
| 6 | | | | | | | | 2 |
| | 1 | 9 | | | 4 | | 3 | |
| | 6 | | | 2 | | | 4 | |
| | | 7 | 4 | | | 3 | | |
| | | | | | 9 | 2 | | |

Su Doku

| | | | | | 1 | | | |
|---|---|---|---|---|---|---|---|---|
| | | 4 | 2 | | | | 3 | |
| | | 6 | 5 | 3 | | | 4 | 1 |
| | | 3 | | 5 | | | 8 | 9 |
| | | | | 6 | | | | |
| 7 | 6 | | | 9 | | 3 | | |
| 4 | 5 | | | 7 | 9 | 2 | | |
| | 8 | | | | 5 | 4 | | |
| | | | 3 | | | | | |

Difficult

| | | | | 9 | | | | 4 |
|---|---|---|---|---|---|---|---|---|
| 1 | | | 5 | | | | 6 | |
| | | 8 | | | 6 | | 9 | |
| 6 | | 1 | | | | 5 | 3 | |
| | | | | 7 | | | | |
| | 5 | 4 | | | | 6 | | 8 |
| | 6 | | 2 | | | 7 | | |
| | 3 | | | | 1 | | | 9 |
| 8 | | | | 3 | | | | |

Su Doku

|   |   |   | 8 |   |   | 6 |   |   |
|---|---|---|---|---|---|---|---|---|
|   | 9 |   |   | 5 | 6 |   | 1 |   |
| 6 |   | 7 | 9 |   |   | 5 |   |   |
|   | 7 |   |   |   |   | 1 |   | 8 |
|   | 1 |   |   |   |   |   | 5 |   |
| 3 |   | 5 |   |   |   |   | 9 |   |
|   |   | 3 |   |   | 2 | 7 |   | 5 |
|   | 4 |   | 5 | 7 |   |   | 3 |   |
|   |   | 2 |   |   | 4 |   |   |   |

Difficult

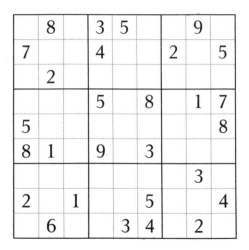

Su Doku

| | 4 | | | 5 | 9 | 7 | | |
|---|---|---|---|---|---|---|---|---|
| | 1 | 2 | | | 7 | | | 8 |
| | | | | | | | | |
| | 6 | 7 | 9 | | | | 2 | |
| 4 | | | | | | | | 1 |
| | 2 | | | | 6 | 8 | 7 | |
| 7 | | | 6 | | | 4 | 3 | |
| | | 8 | 7 | 9 | | | 1 | |

Difficult

**72**

| | | 3 | 4 | | | 1 | 8 | |
|---|---|---|---|---|---|---|---|---|
| 2 | | | | 3 | | | | |
| 8 | | | 2 | | | | | 7 |
| | | | 5 | | 2 | 7 | | 1 |
| | 3 | | | | | | 4 | |
| 1 | | 7 | 8 | | 3 | | | |
| 3 | | | | | 1 | | | 8 |
| | | | | 6 | | | | 5 |
| | 2 | 4 | | | 5 | 6 | | |

Su Doku

| | | | 2 | | 6 | | 5 | |
|---|---|---|---|---|---|---|---|---|
| 2 | 8 | | 4 | | | | 7 | |
| | | 1 | | | | 3 | | |
| 9 | | | | 5 | | | 3 | 7 |
| | | | 7 | | 1 | | | |
| 7 | 5 | | | 9 | | | | 1 |
| | | 8 | | | | 5 | | |
| | 9 | | | | 4 | | 8 | 3 |
| | 7 | | 1 | | 8 | | | |

Difficult

**74**

| 6 | 3 |   |   |   | 9 | 1 |   | 7 |
|---|---|---|---|---|---|---|---|---|
|   |   | 1 |   |   |   |   |   |   |
|   |   |   | 3 | 1 |   |   |   |   |
| 4 | 6 |   |   |   |   |   | 3 |   |
| 3 |   |   |   | 4 |   |   |   | 9 |
|   | 9 |   |   |   |   |   | 2 | 5 |
|   |   |   |   | 7 | 2 |   |   |   |
|   |   |   |   |   |   | 7 |   |   |
| 5 |   | 7 | 9 |   |   |   | 4 | 3 |

Su Doku

| 6 |   |   | 9 |   | 7 |   |   |   |
|---|---|---|---|---|---|---|---|---|
| 2 |   |   | 4 |   |   |   | 7 |   |
| 8 | 1 |   |   | 5 |   |   |   |   |
|   | 2 |   | 3 |   |   |   | 5 | 9 |
|   |   | 1 |   |   |   | 4 |   |   |
| 5 | 6 |   |   |   | 9 |   | 1 |   |
|   |   |   |   | 6 |   |   | 3 | 4 |
|   | 7 |   |   |   | 4 |   |   | 8 |
|   |   |   | 5 |   | 3 |   |   | 6 |

Difficult

|   |   |   | 8 | 1 |   | 6 |   |   |
|---|---|---|---|---|---|---|---|---|
|   | 6 |   |   |   |   |   | 9 |   |
|   | 1 |   | 9 |   | 6 | 4 |   |   |
| 7 |   |   | 4 |   |   | 2 |   | 8 |
|   | 2 |   |   |   |   |   | 7 |   |
| 3 |   | 1 |   |   | 2 |   |   | 4 |
|   |   | 5 | 3 |   | 7 |   | 2 |   |
|   | 3 |   |   |   |   |   | 1 |   |
|   |   | 6 |   | 5 | 9 |   |   |   |

Su Doku

| 1 | 5 |   |   |   |   |   | 9 | 7 |
|---|---|---|---|---|---|---|---|---|
|   |   |   | 1 |   | 7 |   |   |   |
|   |   | 8 | 9 |   | 3 | 2 |   |   |
| 4 |   | 1 |   |   |   | 9 |   | 5 |
|   |   |   |   |   |   |   |   |   |
| 8 |   | 3 |   |   |   | 6 |   | 2 |
|   |   | 4 | 6 |   | 9 | 8 |   |   |
|   |   |   | 3 |   | 8 |   |   |   |
| 9 | 8 |   |   |   |   |   | 3 | 4 |

Difficult

|   |   |   | 2 |   | 7 |   |   |   |
|---|---|---|---|---|---|---|---|---|
|   | 1 |   |   |   |   |   | 6 |   |
| 2 | 5 |   |   |   |   |   | 4 | 9 |
| 3 |   | 5 |   | 7 |   | 9 |   | 4 |
|   |   |   |   | 5 |   |   |   |   |
| 7 |   | 9 |   | 4 |   | 6 |   | 2 |
| 5 | 6 |   |   |   |   |   | 9 | 8 |
|   | 3 |   |   |   |   |   | 7 |   |
|   |   |   | 1 |   | 6 |   |   |   |

Su Doku

| 9 | 5 | 7 |   | 1 |   |   |   |   |
|---|---|---|---|---|---|---|---|---|
| 1 |   |   |   |   |   |   |   |   |
|   |   |   | 5 |   |   |   | 6 |   |
|   |   | 8 |   | 4 | 9 | 7 |   |   |
|   |   | 4 |   | 3 |   | 9 |   |   |
|   |   | 3 | 6 | 2 |   | 4 |   |   |
|   | 3 |   |   |   | 1 |   |   |   |
|   |   |   |   |   |   |   |   | 3 |
|   |   |   |   | 9 |   | 8 | 7 | 5 |

Difficult

|   | 1 |   |   | 8 | 6 |   |   |   |
|---|---|---|---|---|---|---|---|---|
|   | 6 | 9 | 5 | 1 |   | 7 |   |   |
|   | 2 |   |   | 7 |   |   |   |   |
|   | 9 | 4 | 7 |   |   |   |   | 5 |
|   |   |   |   |   |   |   |   |   |
| 8 |   |   |   |   | 5 | 9 | 1 |   |
|   |   |   |   | 6 |   |   | 2 |   |
|   |   | 3 |   | 2 | 9 | 4 | 8 |   |
|   |   |   | 3 | 5 |   |   | 9 |   |

Su Doku

# Fiendish

| | | | 3 | 6 | | | 1 | |
|---|---|---|---|---|---|---|---|---|
| | 1 | | 4 | | | | 6 | |
| 8 | | | | | | 9 | | |
| | | 9 | | | 7 | | 5 | 4 |
| | | | | 5 | | | | |
| 3 | 5 | | 9 | | | 6 | | |
| | | 1 | | | | | | 2 |
| | 4 | | | | 8 | | 9 | |
| | 6 | | | 7 | 3 | | | |

Fiendish

**82**

| | 3 | | | | | 2 | | 7 |
|---|---|---|---|---|---|---|---|---|
| | 7 | | | 8 | 5 | 4 | | |
| 1 | | | 7 | | | | 8 | |
| 4 | | | 5 | | | | | |
| | | | | 4 | | | | |
| | | | | | 2 | | | 5 |
| | 1 | | | | 8 | | | 6 |
| | | 4 | 2 | 1 | | | 9 | |
| 3 | | 9 | | | | | 2 | |

Su Doku

| | | 6 | | | | 1 | | |
|---|---|---|---|---|---|---|---|---|
| | 3 | 5 | | | | 7 | 2 | |
| 1 | | | | | 6 | | | 3 |
| | | | 6 | 5 | 3 | | | |
| 9 | | | 2 | | 8 | | | 5 |
| | | | 1 | 7 | 9 | | | |
| 5 | | | | 8 | | | | 2 |
| | 4 | 7 | | | | 9 | 3 | |
| | | 1 | | | | 5 | | |

Fiendish

**84**

| | | | | | | 4 | | |
|---|---|---|---|---|---|---|---|---|
| 3 | | 9 | | 8 | | 6 | | 1 |
| | 4 | | 3 | | | | 5 | 9 |
| | | | | 1 | 7 | | 9 | |
| | | | | | | | | |
| | 7 | | 4 | 9 | | | | |
| 4 | 5 | | | | 9 | | 6 | |
| 8 | | 6 | | 4 | | 1 | | 7 |
| | | 1 | | | | | | |

Su Doku

| | | | | | | | 9 | |
|---|---|---|---|---|---|---|---|---|
| 6 | | | | | 9 | | | 5 |
| | | | 6 | 8 | 3 | | | |
| 7 | | | 8 | | | 3 | | 6 |
| | 1 | 8 | | | | 4 | 2 | |
| 4 | | 6 | | | 7 | | | 1 |
| | | | 7 | 5 | 8 | | | |
| 1 | | | 2 | | | | | 3 |
| | 4 | | | | | | | |

Fiendish

**86**

| | | 4 | | | 8 | | 9 | |
|---|---|---|---|---|---|---|---|---|
| 6 | | | | 5 | | | | |
| | 8 | | | | 2 | 5 | | |
| 9 | | | | | | | 6 | |
| | 4 | | | 3 | | | 1 | |
| | 7 | | | | | | | 2 |
| | | 7 | 5 | | | | 3 | |
| | | | | 6 | | | | 9 |
| | 5 | | 3 | | | 4 | | |

Su Doku

| 7 |   |   |   | 9 | 6 |   | 1 |   |
|   |   | 2 |   | 8 |   | 5 |   | 3 |
|   |   | 1 |   |   |   |   | 4 |   |
|   | 9 |   |   |   |   | 1 |   |   |
|   |   |   |   | 5 |   |   |   |   |
|   |   | 8 |   |   |   |   | 2 |   |
|   | 2 |   |   |   |   | 4 |   |   |
| 6 |   | 5 |   | 4 |   | 8 |   |   |
|   | 7 |   | 1 | 6 |   |   |   | 9 |

Fiendish

**88**

| 9 |   | 8 |   |   |   |   |   |   |
|---|---|---|---|---|---|---|---|---|
|   |   |   |   | 8 | 6 |   |   | 3 |
|   | 5 |   | 7 |   |   |   | 2 | 8 |
|   |   | 2 |   | 4 |   |   | 3 |   |
|   |   |   |   |   |   |   |   |   |
|   | 7 |   |   | 5 |   | 8 |   |   |
| 5 | 1 |   |   |   | 9 |   | 6 |   |
| 8 |   |   | 3 | 2 |   |   |   |   |
|   |   |   |   |   |   | 1 |   | 7 |

Su Doku

|   |   | 7 |   | 9 |   | 5 |   |   |
|---|---|---|---|---|---|---|---|---|
|   |   |   |   |   |   |   |   |   |
| 9 |   | 5 | 2 |   | 6 | 7 |   | 1 |
| 4 |   |   | 8 | 7 | 2 |   |   | 3 |
|   |   |   |   |   |   |   |   |   |
| 6 |   |   | 9 | 3 | 4 |   |   | 8 |
| 3 |   | 8 | 1 |   | 5 | 9 |   | 4 |
|   |   |   |   |   |   |   |   |   |
|   |   | 2 |   | 8 |   | 3 |   |   |

Fiendish

| | 1 | | 7 | | 3 | | 5 | |
|---|---|---|---|---|---|---|---|---|
| | 5 | | | | | | | 7 |
| | | 3 | | 1 | | 4 | | |
| | | 6 | 9 | | 1 | 8 | | |
| | | | 2 | | 8 | | | |
| | | 7 | 3 | | 5 | 9 | | |
| | | 2 | | 3 | | 1 | | |
| | 6 | | | | | | | 3 |
| | 8 | | 1 | | 4 | | 2 | |

Su Doku

| | 8 | 5 | | | 7 | | | |
| | 4 | | | | | | 7 | 5 |
| | | | 4 | | | | | 8 |
| 5 | | | | 9 | | 1 | | |
| | | | 2 | | 8 | | | |
| | | 6 | | 1 | | | | 2 |
| 3 | | | | | 6 | | | |
| 8 | 1 | | | | | | 9 | |
| | | | 5 | | | 2 | 3 | |

Fiendish

| | | 3 | | | | | | |
|---|---|---|---|---|---|---|---|---|
| 7 | | | 1 | 8 | | | 2 | |
| | 6 | | | | 5 | 8 | | |
| 1 | | | | | 2 | | | |
| 2 | | | 3 | | 6 | | | 7 |
| | | | 7 | | | | | 6 |
| | | 1 | 5 | | | | 9 | |
| | 8 | | | 2 | 1 | | | 4 |
| | | | | | | 7 | | |

Su Doku

|   |   |   | 3 |   | 6 | 8 |   |   |
|---|---|---|---|---|---|---|---|---|
|   | 8 |   | 1 |   |   | 5 |   | 3 |
|   | 4 |   |   | 2 |   |   |   |   |
|   | 3 | 7 |   |   |   |   |   |   |
| 8 |   |   |   | 9 |   |   |   | 4 |
|   |   |   |   |   |   | 6 | 3 |   |
|   |   |   | 7 |   |   |   | 9 |   |
| 2 |   | 8 |   |   | 5 |   | 7 |   |
|   |   | 1 | 9 |   | 4 |   |   |   |

Fiendish

| 4 |   |   | 8 |   | 1 |   |   | 3 |
|---|---|---|---|---|---|---|---|---|
|   | 9 |   |   |   |   |   | 2 |   |
| 2 |   |   |   |   |   |   |   | 6 |
|   |   | 3 |   | 5 |   | 2 |   |   |
| 7 | 4 |   |   |   |   |   | 1 | 5 |
|   |   | 5 |   | 7 |   | 6 |   |   |
| 9 |   |   |   |   |   |   |   | 7 |
|   | 5 |   |   |   |   |   | 8 |   |
| 8 |   |   | 5 |   | 3 |   |   | 2 |

Su Doku

| 5 | 1 |   |   |   |   |   | 7 |   |
|---|---|---|---|---|---|---|---|---|
|   |   |   |   |   | 7 |   | 3 |   |
|   |   | 2 |   | 6 |   |   |   | 8 |
|   |   | 7 |   | 3 | 4 |   |   | 9 |
| 3 |   |   |   |   |   |   |   | 6 |
| 9 |   |   | 2 | 7 |   | 5 |   |   |
| 1 |   |   |   | 8 |   | 9 |   |   |
|   | 8 |   | 4 |   |   |   |   |   |
|   | 9 |   |   |   |   |   | 8 | 1 |

Fiendish

| | | 5 | | | | | 1 | |
|---|---|---|---|---|---|---|---|---|
| | | 3 | 9 | | | | 7 | |
| 4 | | | | 7 | | 2 | | |
| | 1 | | 3 | | 8 | | | 6 |
| | | | | 5 | | | | |
| 8 | | | 6 | | 7 | | 4 | |
| | | 4 | | 2 | | | | 9 |
| | 6 | | | | 5 | 3 | | |
| | 7 | | | | | 1 | | |

Su Doku

|   | 2 |   | 3 |   |   |   |   | 7 |
|---|---|---|---|---|---|---|---|---|
|   |   |   |   |   | 4 | 2 | 1 |   |
|   |   | 3 |   |   | 6 |   | 4 |   |
|   |   |   |   |   |   |   | 9 |   |
|   | 8 | 2 |   | 5 |   | 4 | 3 |   |
|   | 5 |   |   |   |   |   |   |   |
|   | 3 |   | 6 |   |   | 8 |   |   |
|   | 6 | 4 | 8 |   |   |   |   |   |
| 8 |   |   |   |   | 1 |   | 7 |   |

Fiendish

## 98

| | | 1 | 9 | | | | | 2 |
|---|---|---|---|---|---|---|---|---|
| 6 | | 3 | | | | 4 | 9 | |
| | | | 1 | | | | | |
| | | | 8 | | 7 | | | 6 |
| | 2 | | | | | | 7 | |
| 3 | | | 6 | | 5 | | | |
| | | | | | 4 | | | |
| | 1 | 8 | | | | 7 | | 9 |
| 7 | | | | 1 | | 3 | | |

Su Doku

| | | 6 | | | | 3 | | |
|---|---|---|---|---|---|---|---|---|
| 7 | | | 6 | | 2 | | | 5 |
| | | 2 | | 3 | | 9 | | |
| | 9 | | | 5 | | | 6 | |
| 2 | | | | | | | | 9 |
| | 8 | | | 7 | | | 4 | |
| | | 3 | | 4 | | 5 | | |
| 9 | | | 1 | | 3 | | | 4 |
| | | 8 | | | | 2 | | |

Fiendish

**100**

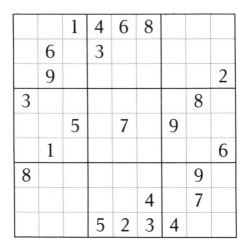

Su Doku

# The Solutions

**1**

| 2 | 7 | 4 | 3 | 6 | 1 | 5 | 9 | 8 |
| 6 | 3 | 1 | 5 | 8 | 9 | 4 | 2 | 7 |
| 8 | 5 | 9 | 7 | 4 | 2 | 3 | 1 | 6 |
| 7 | 8 | 2 | 4 | 5 | 3 | 1 | 6 | 9 |
| 4 | 6 | 3 | 9 | 1 | 7 | 2 | 8 | 5 |
| 9 | 1 | 5 | 6 | 2 | 8 | 7 | 3 | 4 |
| 1 | 2 | 6 | 8 | 7 | 4 | 9 | 5 | 3 |
| 5 | 9 | 7 | 1 | 3 | 6 | 8 | 4 | 2 |
| 3 | 4 | 8 | 2 | 9 | 5 | 6 | 7 | 1 |

Su Doku

| 2 | 9 | 1 | 5 | 8 | 4 | 3 | 7 | 6 |
|---|---|---|---|---|---|---|---|---|
| 4 | 6 | 5 | 1 | 7 | 3 | 2 | 9 | 8 |
| 3 | 8 | 7 | 2 | 6 | 9 | 4 | 1 | 5 |
| 6 | 2 | 4 | 7 | 5 | 1 | 9 | 8 | 3 |
| 7 | 3 | 8 | 6 | 9 | 2 | 5 | 4 | 1 |
| 5 | 1 | 9 | 3 | 4 | 8 | 7 | 6 | 2 |
| 1 | 7 | 3 | 9 | 2 | 6 | 8 | 5 | 4 |
| 8 | 5 | 6 | 4 | 3 | 7 | 1 | 2 | 9 |
| 9 | 4 | 2 | 8 | 1 | 5 | 6 | 3 | 7 |

Solutions

**3**

| 2 | 3 | 5 | 4 | 9 | 7 | 6 | 8 | 1 |
| 9 | 7 | 4 | 1 | 6 | 8 | 3 | 5 | 2 |
| 6 | 8 | 1 | 3 | 2 | 5 | 7 | 9 | 4 |
| 5 | 4 | 9 | 8 | 1 | 3 | 2 | 7 | 6 |
| 8 | 2 | 7 | 5 | 4 | 6 | 1 | 3 | 9 |
| 1 | 6 | 3 | 2 | 7 | 9 | 8 | 4 | 5 |
| 4 | 9 | 6 | 7 | 3 | 2 | 5 | 1 | 8 |
| 7 | 5 | 2 | 9 | 8 | 1 | 4 | 6 | 3 |
| 3 | 1 | 8 | 6 | 5 | 4 | 9 | 2 | 7 |

Su Doku

| 3 | 1 | 8 | 4 | 2 | 7 | 6 | 5 | 9 |
|---|---|---|---|---|---|---|---|---|
| 2 | 5 | 4 | 6 | 1 | 9 | 8 | 7 | 3 |
| 7 | 9 | 6 | 8 | 5 | 3 | 1 | 2 | 4 |
| 4 | 7 | 9 | 2 | 3 | 1 | 5 | 6 | 8 |
| 8 | 2 | 1 | 9 | 6 | 5 | 4 | 3 | 7 |
| 6 | 3 | 5 | 7 | 8 | 4 | 2 | 9 | 1 |
| 5 | 6 | 3 | 1 | 9 | 8 | 7 | 4 | 2 |
| 1 | 4 | 2 | 3 | 7 | 6 | 9 | 8 | 5 |
| 9 | 8 | 7 | 5 | 4 | 2 | 3 | 1 | 6 |

Solutions

**5**

| 4 | 1 | 9 | 2 | 7 | 6 | 8 | 5 | 3 |
| 8 | 2 | 3 | 5 | 4 | 1 | 6 | 7 | 9 |
| 7 | 5 | 6 | 9 | 8 | 3 | 1 | 2 | 4 |
| 5 | 8 | 1 | 7 | 6 | 4 | 9 | 3 | 2 |
| 2 | 9 | 4 | 1 | 3 | 5 | 7 | 6 | 8 |
| 3 | 6 | 7 | 8 | 2 | 9 | 5 | 4 | 1 |
| 6 | 7 | 8 | 4 | 9 | 2 | 3 | 1 | 5 |
| 1 | 3 | 2 | 6 | 5 | 8 | 4 | 9 | 7 |
| 9 | 4 | 5 | 3 | 1 | 7 | 2 | 8 | 6 |

Su Doku

| 1 | 4 | 5 | 3 | 8 | 6 | 9 | 2 | 7 |
|---|---|---|---|---|---|---|---|---|
| 2 | 9 | 3 | 7 | 1 | 5 | 8 | 6 | 4 |
| 6 | 8 | 7 | 4 | 9 | 2 | 5 | 1 | 3 |
| 5 | 7 | 1 | 2 | 6 | 3 | 4 | 8 | 9 |
| 3 | 6 | 4 | 8 | 5 | 9 | 2 | 7 | 1 |
| 8 | 2 | 9 | 1 | 7 | 4 | 6 | 3 | 5 |
| 9 | 5 | 8 | 6 | 3 | 7 | 1 | 4 | 2 |
| 4 | 3 | 6 | 5 | 2 | 1 | 7 | 9 | 8 |
| 7 | 1 | 2 | 9 | 4 | 8 | 3 | 5 | 6 |

Solutions

| 4 | 2 | 7 | 6 | 3 | 8 | 1 | 5 | 9 |
|---|---|---|---|---|---|---|---|---|
| 1 | 3 | 5 | 2 | 7 | 9 | 8 | 4 | 6 |
| 9 | 6 | 8 | 4 | 5 | 1 | 2 | 7 | 3 |
| 6 | 5 | 9 | 1 | 2 | 4 | 7 | 3 | 8 |
| 2 | 7 | 4 | 8 | 6 | 3 | 5 | 9 | 1 |
| 8 | 1 | 3 | 5 | 9 | 7 | 4 | 6 | 2 |
| 5 | 9 | 1 | 7 | 8 | 6 | 3 | 2 | 4 |
| 3 | 8 | 2 | 9 | 4 | 5 | 6 | 1 | 7 |
| 7 | 4 | 6 | 3 | 1 | 2 | 9 | 8 | 5 |

Su Doku

| 6 | 8 | 1 | 4 | 9 | 3 | 2 | 5 | 7 |
| 5 | 9 | 4 | 2 | 1 | 7 | 6 | 8 | 3 |
| 3 | 7 | 2 | 8 | 6 | 5 | 4 | 1 | 9 |
| 2 | 4 | 7 | 6 | 5 | 9 | 1 | 3 | 8 |
| 1 | 6 | 9 | 7 | 3 | 8 | 5 | 2 | 4 |
| 8 | 5 | 3 | 1 | 4 | 2 | 7 | 9 | 6 |
| 7 | 3 | 8 | 5 | 2 | 4 | 9 | 6 | 1 |
| 9 | 2 | 6 | 3 | 7 | 1 | 8 | 4 | 5 |
| 4 | 1 | 5 | 9 | 8 | 6 | 3 | 7 | 2 |

**9**

| 6 | 8 | 3 | 5 | 9 | 7 | 1 | 4 | 2 |
| 2 | 4 | 1 | 8 | 3 | 6 | 9 | 5 | 7 |
| 5 | 7 | 9 | 1 | 2 | 4 | 3 | 8 | 6 |
| 3 | 5 | 8 | 6 | 4 | 1 | 2 | 7 | 9 |
| 4 | 6 | 7 | 9 | 8 | 2 | 5 | 3 | 1 |
| 1 | 9 | 2 | 3 | 7 | 5 | 8 | 6 | 4 |
| 9 | 3 | 6 | 4 | 1 | 8 | 7 | 2 | 5 |
| 7 | 1 | 5 | 2 | 6 | 3 | 4 | 9 | 8 |
| 8 | 2 | 4 | 7 | 5 | 9 | 6 | 1 | 3 |

Su Doku

| 6 | 9 | 4 | 7 | 3 | 8 | 2 | 1 | 5 |
|---|---|---|---|---|---|---|---|---|
| 3 | 5 | 1 | 9 | 4 | 2 | 8 | 7 | 6 |
| 2 | 7 | 8 | 5 | 1 | 6 | 4 | 3 | 9 |
| 7 | 1 | 5 | 4 | 6 | 3 | 9 | 2 | 8 |
| 8 | 4 | 6 | 1 | 2 | 9 | 3 | 5 | 7 |
| 9 | 2 | 3 | 8 | 5 | 7 | 6 | 4 | 1 |
| 5 | 3 | 7 | 6 | 9 | 4 | 1 | 8 | 2 |
| 4 | 8 | 9 | 2 | 7 | 1 | 5 | 6 | 3 |
| 1 | 6 | 2 | 3 | 8 | 5 | 7 | 9 | 4 |

Solutions

| 3 | 9 | 2 | 8 | 5 | 4 | 7 | 6 | 1 |
|---|---|---|---|---|---|---|---|---|
| 4 | 5 | 6 | 7 | 9 | 1 | 8 | 3 | 2 |
| 8 | 1 | 7 | 6 | 3 | 2 | 9 | 5 | 4 |
| 1 | 8 | 3 | 2 | 7 | 6 | 4 | 9 | 5 |
| 9 | 7 | 4 | 3 | 1 | 5 | 6 | 2 | 8 |
| 2 | 6 | 5 | 9 | 4 | 8 | 1 | 7 | 3 |
| 7 | 3 | 1 | 4 | 2 | 9 | 5 | 8 | 6 |
| 5 | 2 | 8 | 1 | 6 | 7 | 3 | 4 | 9 |
| 6 | 4 | 9 | 5 | 8 | 3 | 2 | 1 | 7 |

Su Doku

| 9 | 7 | 5 | 6 | 4 | 1 | 3 | 8 | 2 |
|---|---|---|---|---|---|---|---|---|
| 3 | 6 | 2 | 5 | 9 | 8 | 7 | 4 | 1 |
| 1 | 4 | 8 | 7 | 3 | 2 | 5 | 9 | 6 |
| 6 | 8 | 9 | 3 | 2 | 4 | 1 | 5 | 7 |
| 2 | 1 | 7 | 9 | 8 | 5 | 6 | 3 | 4 |
| 4 | 5 | 3 | 1 | 6 | 7 | 8 | 2 | 9 |
| 5 | 9 | 6 | 2 | 7 | 3 | 4 | 1 | 8 |
| 7 | 3 | 4 | 8 | 1 | 9 | 2 | 6 | 5 |
| 8 | 2 | 1 | 4 | 5 | 6 | 9 | 7 | 3 |

| 3 | 5 | 9 | 6 | 1 | 8 | 2 | 7 | 4 |
|---|---|---|---|---|---|---|---|---|
| 2 | 4 | 1 | 5 | 9 | 7 | 6 | 3 | 8 |
| 6 | 7 | 8 | 4 | 3 | 2 | 1 | 9 | 5 |
| 8 | 3 | 4 | 2 | 5 | 6 | 9 | 1 | 7 |
| 1 | 9 | 2 | 7 | 8 | 3 | 5 | 4 | 6 |
| 7 | 6 | 5 | 1 | 4 | 9 | 3 | 8 | 2 |
| 4 | 2 | 3 | 9 | 7 | 5 | 8 | 6 | 1 |
| 5 | 8 | 7 | 3 | 6 | 1 | 4 | 2 | 9 |
| 9 | 1 | 6 | 8 | 2 | 4 | 7 | 5 | 3 |

Su Doku

| 4 | 8 | 3 | 6 | 2 | 7 | 9 | 1 | 5 |
| 2 | 6 | 5 | 1 | 9 | 4 | 7 | 8 | 3 |
| 1 | 9 | 7 | 8 | 3 | 5 | 6 | 2 | 4 |
| 7 | 5 | 9 | 4 | 6 | 1 | 2 | 3 | 8 |
| 6 | 2 | 8 | 9 | 5 | 3 | 1 | 4 | 7 |
| 3 | 4 | 1 | 2 | 7 | 8 | 5 | 9 | 6 |
| 8 | 1 | 6 | 7 | 4 | 2 | 3 | 5 | 9 |
| 5 | 7 | 4 | 3 | 1 | 9 | 8 | 6 | 2 |
| 9 | 3 | 2 | 5 | 8 | 6 | 4 | 7 | 1 |

Solutions

| 7 | 4 | 2 | 6 | 9 | 1 | 8 | 5 | 3 |
| 1 | 6 | 5 | 7 | 3 | 8 | 2 | 9 | 4 |
| 8 | 3 | 9 | 2 | 4 | 5 | 7 | 1 | 6 |
| 2 | 5 | 6 | 8 | 1 | 7 | 3 | 4 | 9 |
| 3 | 9 | 8 | 4 | 6 | 2 | 5 | 7 | 1 |
| 4 | 1 | 7 | 3 | 5 | 9 | 6 | 8 | 2 |
| 5 | 2 | 4 | 9 | 8 | 6 | 1 | 3 | 7 |
| 9 | 7 | 1 | 5 | 2 | 3 | 4 | 6 | 8 |
| 6 | 8 | 3 | 1 | 7 | 4 | 9 | 2 | 5 |

Su Doku

| 4 | 2 | 5 | 7 | 1 | 3 | 8 | 6 | 9 |
|---|---|---|---|---|---|---|---|---|
| 1 | 6 | 7 | 8 | 4 | 9 | 3 | 2 | 5 |
| 8 | 9 | 3 | 2 | 6 | 5 | 1 | 4 | 7 |
| 5 | 7 | 8 | 4 | 2 | 6 | 9 | 3 | 1 |
| 9 | 1 | 4 | 3 | 7 | 8 | 6 | 5 | 2 |
| 2 | 3 | 6 | 5 | 9 | 1 | 7 | 8 | 4 |
| 7 | 8 | 2 | 1 | 3 | 4 | 5 | 9 | 6 |
| 3 | 4 | 9 | 6 | 5 | 7 | 2 | 1 | 8 |
| 6 | 5 | 1 | 9 | 8 | 2 | 4 | 7 | 3 |

Solutions

| 3 | 5 | 2 | 1 | 6 | 9 | 4 | 7 | 8 |
| 8 | 4 | 1 | 7 | 3 | 5 | 6 | 9 | 2 |
| 7 | 6 | 9 | 8 | 4 | 2 | 5 | 3 | 1 |
| 5 | 2 | 8 | 6 | 9 | 4 | 7 | 1 | 3 |
| 6 | 1 | 3 | 2 | 5 | 7 | 9 | 8 | 4 |
| 9 | 7 | 4 | 3 | 8 | 1 | 2 | 5 | 6 |
| 2 | 3 | 6 | 5 | 7 | 8 | 1 | 4 | 9 |
| 4 | 8 | 7 | 9 | 1 | 6 | 3 | 2 | 5 |
| 1 | 9 | 5 | 4 | 2 | 3 | 8 | 6 | 7 |

Su Doku

| 8 | 5 | 2 | 6 | 3 | 4 | 7 | 9 | 1 |
|---|---|---|---|---|---|---|---|---|
| 7 | 4 | 9 | 5 | 2 | 1 | 6 | 8 | 3 |
| 3 | 1 | 6 | 7 | 8 | 9 | 5 | 4 | 2 |
| 9 | 3 | 1 | 4 | 7 | 8 | 2 | 5 | 6 |
| 4 | 2 | 8 | 3 | 6 | 5 | 9 | 1 | 7 |
| 6 | 7 | 5 | 9 | 1 | 2 | 8 | 3 | 4 |
| 5 | 6 | 7 | 1 | 9 | 3 | 4 | 2 | 8 |
| 2 | 9 | 3 | 8 | 4 | 7 | 1 | 6 | 5 |
| 1 | 8 | 4 | 2 | 5 | 6 | 3 | 7 | 9 |

Solutions

| 9 | 5 | 2 | 4 | 7 | 3 | 6 | 8 | 1 |
|---|---|---|---|---|---|---|---|---|
| 6 | 3 | 4 | 1 | 2 | 8 | 7 | 9 | 5 |
| 7 | 8 | 1 | 5 | 6 | 9 | 2 | 3 | 4 |
| 4 | 9 | 3 | 2 | 8 | 6 | 5 | 1 | 7 |
| 1 | 6 | 8 | 7 | 3 | 5 | 9 | 4 | 2 |
| 5 | 2 | 7 | 9 | 1 | 4 | 3 | 6 | 8 |
| 8 | 1 | 9 | 6 | 5 | 2 | 4 | 7 | 3 |
| 2 | 7 | 6 | 3 | 4 | 1 | 8 | 5 | 9 |
| 3 | 4 | 5 | 8 | 9 | 7 | 1 | 2 | 6 |

Su Doku

| 7 | 2 | 6 | 3 | 8 | 9 | 1 | 5 | 4 |
|---|---|---|---|---|---|---|---|---|
| 4 | 9 | 3 | 7 | 5 | 1 | 6 | 2 | 8 |
| 5 | 1 | 8 | 4 | 2 | 6 | 7 | 3 | 9 |
| 8 | 7 | 1 | 2 | 6 | 4 | 5 | 9 | 3 |
| 9 | 4 | 2 | 1 | 3 | 5 | 8 | 6 | 7 |
| 6 | 3 | 5 | 8 | 9 | 7 | 4 | 1 | 2 |
| 1 | 5 | 7 | 9 | 4 | 3 | 2 | 8 | 6 |
| 2 | 6 | 9 | 5 | 7 | 8 | 3 | 4 | 1 |
| 3 | 8 | 4 | 6 | 1 | 2 | 9 | 7 | 5 |

Solutions

| 5 | 7 | 9 | 4 | 6 | 8 | 3 | 2 | 1 |
|---|---|---|---|---|---|---|---|---|
| 1 | 3 | 6 | 7 | 2 | 9 | 5 | 8 | 4 |
| 4 | 8 | 2 | 5 | 1 | 3 | 9 | 6 | 7 |
| 3 | 2 | 5 | 6 | 4 | 1 | 8 | 7 | 9 |
| 7 | 9 | 1 | 8 | 5 | 2 | 6 | 4 | 3 |
| 8 | 6 | 4 | 9 | 3 | 7 | 2 | 1 | 5 |
| 9 | 5 | 7 | 1 | 8 | 6 | 4 | 3 | 2 |
| 2 | 1 | 8 | 3 | 9 | 4 | 7 | 5 | 6 |
| 6 | 4 | 3 | 2 | 7 | 5 | 1 | 9 | 8 |

Su Doku

| 9 | 7 | 2 | 4 | 5 | 8 | 6 | 3 | 1 |
| 3 | 5 | 4 | 2 | 6 | 1 | 7 | 8 | 9 |
| 6 | 8 | 1 | 3 | 9 | 7 | 5 | 2 | 4 |
| 4 | 3 | 8 | 1 | 7 | 6 | 2 | 9 | 5 |
| 1 | 2 | 9 | 8 | 3 | 5 | 4 | 7 | 6 |
| 5 | 6 | 7 | 9 | 2 | 4 | 3 | 1 | 8 |
| 7 | 9 | 5 | 6 | 1 | 3 | 8 | 4 | 2 |
| 8 | 1 | 6 | 7 | 4 | 2 | 9 | 5 | 3 |
| 2 | 4 | 3 | 5 | 8 | 9 | 1 | 6 | 7 |

Solutions

| 6 | 5 | 2 | 8 | 7 | 4 | 9 | 1 | 3 |
| 9 | 3 | 1 | 6 | 2 | 5 | 4 | 7 | 8 |
| 4 | 7 | 8 | 9 | 3 | 1 | 6 | 2 | 5 |
| 1 | 2 | 9 | 4 | 8 | 3 | 7 | 5 | 6 |
| 8 | 6 | 7 | 2 | 5 | 9 | 1 | 3 | 4 |
| 5 | 4 | 3 | 7 | 1 | 6 | 2 | 8 | 9 |
| 2 | 8 | 6 | 5 | 4 | 7 | 3 | 9 | 1 |
| 7 | 1 | 4 | 3 | 9 | 8 | 5 | 6 | 2 |
| 3 | 9 | 5 | 1 | 6 | 2 | 8 | 4 | 7 |

Su Doku

| 2 | 5 | 9 | 6 | 1 | 7 | 3 | 8 | 4 |
| 6 | 1 | 8 | 4 | 2 | 3 | 7 | 5 | 9 |
| 3 | 4 | 7 | 8 | 9 | 5 | 1 | 2 | 6 |
| 9 | 8 | 5 | 3 | 6 | 4 | 2 | 1 | 7 |
| 7 | 2 | 4 | 1 | 8 | 9 | 5 | 6 | 3 |
| 1 | 3 | 6 | 5 | 7 | 2 | 4 | 9 | 8 |
| 5 | 9 | 2 | 7 | 3 | 6 | 8 | 4 | 1 |
| 8 | 6 | 3 | 2 | 4 | 1 | 9 | 7 | 5 |
| 4 | 7 | 1 | 9 | 5 | 8 | 6 | 3 | 2 |

Solutions

| 2 | 6 | 1 | 3 | 7 | 4 | 5 | 9 | 8 |
| 4 | 9 | 7 | 2 | 5 | 8 | 6 | 3 | 1 |
| 5 | 3 | 8 | 1 | 6 | 9 | 4 | 2 | 7 |
| 9 | 4 | 3 | 8 | 1 | 2 | 7 | 5 | 6 |
| 7 | 2 | 6 | 9 | 4 | 5 | 1 | 8 | 3 |
| 8 | 1 | 5 | 7 | 3 | 6 | 9 | 4 | 2 |
| 3 | 5 | 2 | 6 | 9 | 1 | 8 | 7 | 4 |
| 1 | 7 | 9 | 4 | 8 | 3 | 2 | 6 | 5 |
| 6 | 8 | 4 | 5 | 2 | 7 | 3 | 1 | 9 |

Su Doku

| 9 | 8 | 5 | 3 | 2 | 7 | 6 | 1 | 4 |
| 6 | 7 | 2 | 8 | 4 | 1 | 3 | 9 | 5 |
| 4 | 1 | 3 | 6 | 5 | 9 | 8 | 2 | 7 |
| 8 | 4 | 9 | 7 | 3 | 2 | 5 | 6 | 1 |
| 1 | 2 | 7 | 9 | 6 | 5 | 4 | 8 | 3 |
| 3 | 5 | 6 | 4 | 1 | 8 | 9 | 7 | 2 |
| 5 | 9 | 8 | 1 | 7 | 3 | 2 | 4 | 6 |
| 7 | 3 | 4 | 2 | 8 | 6 | 1 | 5 | 9 |
| 2 | 6 | 1 | 5 | 9 | 4 | 7 | 3 | 8 |

Solutions

27

| 5 | 1 | 4 | 9 | 7 | 3 | 6 | 2 | 8 |
| 9 | 3 | 8 | 4 | 6 | 2 | 7 | 5 | 1 |
| 7 | 2 | 6 | 8 | 5 | 1 | 9 | 3 | 4 |
| 4 | 7 | 2 | 3 | 8 | 9 | 5 | 1 | 6 |
| 3 | 5 | 1 | 6 | 2 | 7 | 4 | 8 | 9 |
| 8 | 6 | 9 | 1 | 4 | 5 | 3 | 7 | 2 |
| 6 | 4 | 7 | 2 | 3 | 8 | 1 | 9 | 5 |
| 2 | 9 | 5 | 7 | 1 | 6 | 8 | 4 | 3 |
| 1 | 8 | 3 | 5 | 9 | 4 | 2 | 6 | 7 |

Su Doku

| 6 | 4 | 5 | 3 | 7 | 8 | 9 | 1 | 2 |
| 9 | 1 | 8 | 4 | 6 | 2 | 7 | 5 | 3 |
| 3 | 2 | 7 | 1 | 5 | 9 | 6 | 8 | 4 |
| 8 | 7 | 2 | 6 | 4 | 5 | 1 | 3 | 9 |
| 5 | 6 | 3 | 8 | 9 | 1 | 4 | 2 | 7 |
| 1 | 9 | 4 | 2 | 3 | 7 | 5 | 6 | 8 |
| 4 | 3 | 9 | 5 | 2 | 6 | 8 | 7 | 1 |
| 7 | 5 | 1 | 9 | 8 | 3 | 2 | 4 | 6 |
| 2 | 8 | 6 | 7 | 1 | 4 | 3 | 9 | 5 |

Solutions

| 7 | 9 | 4 | 2 | 1 | 5 | 8 | 3 | 6 |
| 8 | 1 | 3 | 6 | 4 | 7 | 2 | 5 | 9 |
| 6 | 2 | 5 | 3 | 9 | 8 | 7 | 1 | 4 |
| 1 | 4 | 7 | 8 | 2 | 6 | 5 | 9 | 3 |
| 2 | 6 | 8 | 5 | 3 | 9 | 1 | 4 | 7 |
| 3 | 5 | 9 | 1 | 7 | 4 | 6 | 2 | 8 |
| 5 | 3 | 6 | 9 | 8 | 1 | 4 | 7 | 2 |
| 9 | 7 | 1 | 4 | 6 | 2 | 3 | 8 | 5 |
| 4 | 8 | 2 | 7 | 5 | 3 | 9 | 6 | 1 |

Su Doku

| 4 | 1 | 2 | 9 | 3 | 5 | 7 | 8 | 6 |
|---|---|---|---|---|---|---|---|---|
| 6 | 3 | 9 | 1 | 8 | 7 | 5 | 4 | 2 |
| 8 | 5 | 7 | 6 | 2 | 4 | 3 | 9 | 1 |
| 5 | 7 | 1 | 4 | 6 | 3 | 8 | 2 | 9 |
| 9 | 2 | 8 | 7 | 5 | 1 | 4 | 6 | 3 |
| 3 | 6 | 4 | 8 | 9 | 2 | 1 | 7 | 5 |
| 7 | 4 | 3 | 2 | 1 | 9 | 6 | 5 | 8 |
| 2 | 8 | 5 | 3 | 4 | 6 | 9 | 1 | 7 |
| 1 | 9 | 6 | 5 | 7 | 8 | 2 | 3 | 4 |

Solutions

| 1 | 3 | 8 | 4 | 5 | 6 | 9 | 7 | 2 |
|---|---|---|---|---|---|---|---|---|
| 6 | 4 | 5 | 7 | 9 | 2 | 3 | 8 | 1 |
| 2 | 7 | 9 | 1 | 8 | 3 | 5 | 4 | 6 |
| 5 | 1 | 2 | 3 | 7 | 4 | 6 | 9 | 8 |
| 7 | 8 | 4 | 9 | 6 | 1 | 2 | 3 | 5 |
| 9 | 6 | 3 | 8 | 2 | 5 | 7 | 1 | 4 |
| 4 | 9 | 6 | 5 | 3 | 8 | 1 | 2 | 7 |
| 8 | 2 | 7 | 6 | 1 | 9 | 4 | 5 | 3 |
| 3 | 5 | 1 | 2 | 4 | 7 | 8 | 6 | 9 |

Su Doku

| 8 | 5 | 1 | 6 | 7 | 4 | 9 | 3 | 2 |
|---|---|---|---|---|---|---|---|---|
| 3 | 9 | 7 | 2 | 1 | 5 | 6 | 4 | 8 |
| 2 | 6 | 4 | 9 | 8 | 3 | 5 | 7 | 1 |
| 6 | 3 | 8 | 4 | 5 | 9 | 1 | 2 | 7 |
| 4 | 2 | 5 | 1 | 3 | 7 | 8 | 6 | 9 |
| 1 | 7 | 9 | 8 | 2 | 6 | 3 | 5 | 4 |
| 5 | 8 | 6 | 7 | 4 | 1 | 2 | 9 | 3 |
| 9 | 4 | 2 | 3 | 6 | 8 | 7 | 1 | 5 |
| 7 | 1 | 3 | 5 | 9 | 2 | 4 | 8 | 6 |

| 9 | 4 | 3 | 1 | 7 | 6 | 5 | 8 | 2 |
|---|---|---|---|---|---|---|---|---|
| 7 | 5 | 1 | 4 | 8 | 2 | 3 | 6 | 9 |
| 8 | 6 | 2 | 9 | 3 | 5 | 7 | 1 | 4 |
| 6 | 7 | 9 | 3 | 4 | 1 | 2 | 5 | 8 |
| 3 | 1 | 5 | 2 | 9 | 8 | 6 | 4 | 7 |
| 2 | 8 | 4 | 6 | 5 | 7 | 1 | 9 | 3 |
| 1 | 3 | 6 | 8 | 2 | 4 | 9 | 7 | 5 |
| 5 | 9 | 8 | 7 | 6 | 3 | 4 | 2 | 1 |
| 4 | 2 | 7 | 5 | 1 | 9 | 8 | 3 | 6 |

Su Doku

| 2 | 7 | 5 | 8 | 4 | 1 | 6 | 3 | 9 |
|---|---|---|---|---|---|---|---|---|
| 8 | 6 | 4 | 2 | 3 | 9 | 7 | 1 | 5 |
| 9 | 1 | 3 | 7 | 6 | 5 | 8 | 2 | 4 |
| 3 | 5 | 8 | 4 | 7 | 6 | 1 | 9 | 2 |
| 7 | 2 | 6 | 9 | 1 | 3 | 4 | 5 | 8 |
| 1 | 4 | 9 | 5 | 2 | 8 | 3 | 6 | 7 |
| 5 | 3 | 7 | 6 | 9 | 4 | 2 | 8 | 1 |
| 6 | 8 | 2 | 1 | 5 | 7 | 9 | 4 | 3 |
| 4 | 9 | 1 | 3 | 8 | 2 | 5 | 7 | 6 |

Solutions

| 8 | 3 | 4 | 5 | 6 | 2 | 7 | 1 | 9 |
|---|---|---|---|---|---|---|---|---|
| 5 | 2 | 9 | 7 | 1 | 3 | 6 | 4 | 8 |
| 1 | 7 | 6 | 9 | 4 | 8 | 3 | 5 | 2 |
| 3 | 4 | 5 | 6 | 9 | 7 | 2 | 8 | 1 |
| 9 | 8 | 2 | 3 | 5 | 1 | 4 | 7 | 6 |
| 7 | 6 | 1 | 8 | 2 | 4 | 5 | 9 | 3 |
| 2 | 1 | 8 | 4 | 7 | 6 | 9 | 3 | 5 |
| 4 | 9 | 3 | 2 | 8 | 5 | 1 | 6 | 7 |
| 6 | 5 | 7 | 1 | 3 | 9 | 8 | 2 | 4 |

Su Doku

| 4 | 5 | 3 | 7 | 6 | 9 | 1 | 8 | 2 |
|---|---|---|---|---|---|---|---|---|
| 7 | 2 | 9 | 8 | 3 | 1 | 6 | 5 | 4 |
| 6 | 8 | 1 | 5 | 4 | 2 | 3 | 7 | 9 |
| 3 | 7 | 5 | 1 | 8 | 4 | 9 | 2 | 6 |
| 2 | 9 | 8 | 6 | 7 | 3 | 4 | 1 | 5 |
| 1 | 6 | 4 | 2 | 9 | 5 | 8 | 3 | 7 |
| 5 | 4 | 7 | 9 | 1 | 8 | 2 | 6 | 3 |
| 8 | 3 | 6 | 4 | 2 | 7 | 5 | 9 | 1 |
| 9 | 1 | 2 | 3 | 5 | 6 | 7 | 4 | 8 |

| 8 | 3 | 4 | 1 | 9 | 7 | 5 | 2 | 6 |
| 6 | 1 | 2 | 3 | 4 | 5 | 8 | 9 | 7 |
| 9 | 7 | 5 | 6 | 8 | 2 | 3 | 1 | 4 |
| 4 | 2 | 1 | 8 | 7 | 9 | 6 | 3 | 5 |
| 7 | 8 | 6 | 5 | 1 | 3 | 2 | 4 | 9 |
| 3 | 5 | 9 | 2 | 6 | 4 | 7 | 8 | 1 |
| 1 | 9 | 3 | 7 | 5 | 8 | 4 | 6 | 2 |
| 2 | 4 | 7 | 9 | 3 | 6 | 1 | 5 | 8 |
| 5 | 6 | 8 | 4 | 2 | 1 | 9 | 7 | 3 |

Su Doku

| 9 | 4 | 8 | 6 | 7 | 2 | 1 | 5 | 3 |
| 2 | 5 | 3 | 9 | 1 | 8 | 6 | 7 | 4 |
| 7 | 6 | 1 | 3 | 4 | 5 | 9 | 8 | 2 |
| 1 | 3 | 9 | 8 | 5 | 4 | 2 | 6 | 7 |
| 5 | 7 | 4 | 1 | 2 | 6 | 8 | 3 | 9 |
| 8 | 2 | 6 | 7 | 3 | 9 | 5 | 4 | 1 |
| 4 | 1 | 2 | 5 | 6 | 7 | 3 | 9 | 8 |
| 3 | 9 | 5 | 4 | 8 | 1 | 7 | 2 | 6 |
| 6 | 8 | 7 | 2 | 9 | 3 | 4 | 1 | 5 |

| 9 | 4 | 3 | 2 | 7 | 6 | 1 | 8 | 5 |
| 8 | 1 | 5 | 4 | 3 | 9 | 7 | 6 | 2 |
| 7 | 6 | 2 | 1 | 5 | 8 | 9 | 4 | 3 |
| 5 | 3 | 7 | 9 | 6 | 2 | 8 | 1 | 4 |
| 1 | 9 | 4 | 3 | 8 | 5 | 2 | 7 | 6 |
| 6 | 2 | 8 | 7 | 1 | 4 | 3 | 5 | 9 |
| 3 | 8 | 6 | 5 | 9 | 7 | 4 | 2 | 1 |
| 4 | 5 | 1 | 8 | 2 | 3 | 6 | 9 | 7 |
| 2 | 7 | 9 | 6 | 4 | 1 | 5 | 3 | 8 |

Su Doku

| 4 | 8 | 1 | 6 | 5 | 2 | 9 | 3 | 7 |
| 9 | 2 | 5 | 1 | 3 | 7 | 6 | 4 | 8 |
| 7 | 6 | 3 | 9 | 4 | 8 | 5 | 2 | 1 |
| 8 | 1 | 4 | 5 | 2 | 9 | 3 | 7 | 6 |
| 3 | 5 | 2 | 7 | 8 | 6 | 1 | 9 | 4 |
| 6 | 9 | 7 | 3 | 1 | 4 | 8 | 5 | 2 |
| 5 | 3 | 8 | 4 | 7 | 1 | 2 | 6 | 9 |
| 1 | 7 | 9 | 2 | 6 | 3 | 4 | 8 | 5 |
| 2 | 4 | 6 | 8 | 9 | 5 | 7 | 1 | 3 |

**41**

| 1 | 5 | 8 | 4 | 3 | 2 | 7 | 6 | 9 |
| 7 | 4 | 9 | 1 | 5 | 6 | 3 | 8 | 2 |
| 6 | 3 | 2 | 8 | 9 | 7 | 4 | 1 | 5 |
| 3 | 9 | 6 | 7 | 2 | 4 | 1 | 5 | 8 |
| 8 | 7 | 1 | 5 | 6 | 9 | 2 | 4 | 3 |
| 4 | 2 | 5 | 3 | 1 | 8 | 6 | 9 | 7 |
| 2 | 8 | 7 | 6 | 4 | 5 | 9 | 3 | 1 |
| 9 | 6 | 3 | 2 | 8 | 1 | 5 | 7 | 4 |
| 5 | 1 | 4 | 9 | 7 | 3 | 8 | 2 | 6 |

Su Doku

| 7 | 8 | 2 | 6 | 9 | 3 | 1 | 4 | 5 |
| 5 | 3 | 4 | 7 | 1 | 2 | 9 | 6 | 8 |
| 9 | 1 | 6 | 8 | 4 | 5 | 3 | 2 | 7 |
| 3 | 4 | 8 | 1 | 2 | 7 | 5 | 9 | 6 |
| 1 | 9 | 5 | 3 | 6 | 4 | 7 | 8 | 2 |
| 6 | 2 | 7 | 5 | 8 | 9 | 4 | 1 | 3 |
| 2 | 7 | 9 | 4 | 3 | 6 | 8 | 5 | 1 |
| 8 | 6 | 3 | 9 | 5 | 1 | 2 | 7 | 4 |
| 4 | 5 | 1 | 2 | 7 | 8 | 6 | 3 | 9 |

Solutions

| 1 | 9 | 5 | 3 | 2 | 7 | 8 | 4 | 6 |
|---|---|---|---|---|---|---|---|---|
| 8 | 2 | 3 | 4 | 9 | 6 | 5 | 7 | 1 |
| 4 | 7 | 6 | 8 | 5 | 1 | 3 | 9 | 2 |
| 9 | 5 | 7 | 2 | 6 | 3 | 1 | 8 | 4 |
| 6 | 3 | 4 | 9 | 1 | 8 | 2 | 5 | 7 |
| 2 | 1 | 8 | 7 | 4 | 5 | 6 | 3 | 9 |
| 3 | 4 | 2 | 1 | 8 | 9 | 7 | 6 | 5 |
| 7 | 6 | 9 | 5 | 3 | 2 | 4 | 1 | 8 |
| 5 | 8 | 1 | 6 | 7 | 4 | 9 | 2 | 3 |

Su Doku

| 4 | 9 | 6 | 5 | 3 | 8 | 1 | 2 | 7 |
|---|---|---|---|---|---|---|---|---|
| 3 | 7 | 8 | 2 | 4 | 1 | 5 | 6 | 9 |
| 5 | 2 | 1 | 9 | 6 | 7 | 4 | 3 | 8 |
| 2 | 6 | 5 | 3 | 7 | 4 | 9 | 8 | 1 |
| 9 | 8 | 4 | 6 | 1 | 2 | 7 | 5 | 3 |
| 1 | 3 | 7 | 8 | 9 | 5 | 2 | 4 | 6 |
| 7 | 1 | 3 | 4 | 2 | 6 | 8 | 9 | 5 |
| 6 | 5 | 2 | 7 | 8 | 9 | 3 | 1 | 4 |
| 8 | 4 | 9 | 1 | 5 | 3 | 6 | 7 | 2 |

| 1 | 8 | 5 | 6 | 2 | 7 | 4 | 9 | 3 |
| 6 | 9 | 2 | 4 | 5 | 3 | 1 | 8 | 7 |
| 4 | 7 | 3 | 8 | 1 | 9 | 5 | 2 | 6 |
| 7 | 3 | 6 | 2 | 4 | 8 | 9 | 1 | 5 |
| 9 | 5 | 8 | 1 | 3 | 6 | 7 | 4 | 2 |
| 2 | 1 | 4 | 7 | 9 | 5 | 6 | 3 | 8 |
| 8 | 6 | 1 | 3 | 7 | 4 | 2 | 5 | 9 |
| 3 | 2 | 9 | 5 | 6 | 1 | 8 | 7 | 4 |
| 5 | 4 | 7 | 9 | 8 | 2 | 3 | 6 | 1 |

Su Doku

| 4 | 8 | 6 | 5 | 1 | 7 | 9 | 3 | 2 |
| 1 | 5 | 2 | 4 | 9 | 3 | 8 | 7 | 6 |
| 3 | 9 | 7 | 6 | 2 | 8 | 5 | 1 | 4 |
| 7 | 4 | 1 | 8 | 5 | 6 | 2 | 9 | 3 |
| 6 | 2 | 5 | 7 | 3 | 9 | 4 | 8 | 1 |
| 9 | 3 | 8 | 1 | 4 | 2 | 7 | 6 | 5 |
| 5 | 6 | 4 | 9 | 7 | 1 | 3 | 2 | 8 |
| 2 | 1 | 9 | 3 | 8 | 4 | 6 | 5 | 7 |
| 8 | 7 | 3 | 2 | 6 | 5 | 1 | 4 | 9 |

Solutions

| 2 | 7 | 3 | 8 | 5 | 6 | 9 | 1 | 4 |
| 1 | 4 | 5 | 2 | 3 | 9 | 8 | 6 | 7 |
| 8 | 6 | 9 | 7 | 4 | 1 | 5 | 2 | 3 |
| 3 | 2 | 8 | 5 | 1 | 4 | 7 | 9 | 6 |
| 5 | 9 | 4 | 6 | 2 | 7 | 3 | 8 | 1 |
| 7 | 1 | 6 | 9 | 8 | 3 | 4 | 5 | 2 |
| 9 | 3 | 1 | 4 | 6 | 8 | 2 | 7 | 5 |
| 4 | 5 | 7 | 1 | 9 | 2 | 6 | 3 | 8 |
| 6 | 8 | 2 | 3 | 7 | 5 | 1 | 4 | 9 |

Su Doku

| 9 | 4 | 8 | 6 | 5 | 2 | 1 | 3 | 7 |
|---|---|---|---|---|---|---|---|---|
| 1 | 6 | 2 | 8 | 7 | 3 | 5 | 9 | 4 |
| 3 | 7 | 5 | 4 | 1 | 9 | 2 | 8 | 6 |
| 8 | 3 | 9 | 1 | 2 | 7 | 4 | 6 | 5 |
| 7 | 2 | 6 | 3 | 4 | 5 | 8 | 1 | 9 |
| 5 | 1 | 4 | 9 | 6 | 8 | 3 | 7 | 2 |
| 2 | 5 | 3 | 7 | 9 | 1 | 6 | 4 | 8 |
| 4 | 8 | 7 | 5 | 3 | 6 | 9 | 2 | 1 |
| 6 | 9 | 1 | 2 | 8 | 4 | 7 | 5 | 3 |

Solutions

**49**

| 1 | 7 | 2 | 3 | 6 | 8 | 4 | 5 | 9 |
| 9 | 3 | 4 | 1 | 5 | 2 | 8 | 7 | 6 |
| 6 | 8 | 5 | 7 | 4 | 9 | 2 | 3 | 1 |
| 2 | 4 | 1 | 8 | 7 | 3 | 9 | 6 | 5 |
| 5 | 6 | 3 | 2 | 9 | 4 | 7 | 1 | 8 |
| 7 | 9 | 8 | 6 | 1 | 5 | 3 | 2 | 4 |
| 4 | 1 | 9 | 5 | 3 | 7 | 6 | 8 | 2 |
| 8 | 5 | 7 | 4 | 2 | 6 | 1 | 9 | 3 |
| 3 | 2 | 6 | 9 | 8 | 1 | 5 | 4 | 7 |

Su Doku

| 5 | 7 | 8 | 9 | 4 | 6 | 1 | 2 | 3 |
|---|---|---|---|---|---|---|---|---|
| 6 | 1 | 9 | 5 | 2 | 3 | 7 | 4 | 8 |
| 3 | 2 | 4 | 1 | 8 | 7 | 9 | 6 | 5 |
| 7 | 8 | 5 | 6 | 1 | 9 | 2 | 3 | 4 |
| 1 | 3 | 2 | 4 | 7 | 5 | 6 | 8 | 9 |
| 9 | 4 | 6 | 8 | 3 | 2 | 5 | 7 | 1 |
| 2 | 6 | 1 | 3 | 9 | 8 | 4 | 5 | 7 |
| 4 | 5 | 3 | 7 | 6 | 1 | 8 | 9 | 2 |
| 8 | 9 | 7 | 2 | 5 | 4 | 3 | 1 | 6 |

| 6 | 8 | 7 | 9 | 5 | 2 | 4 | 3 | 1 |
|---|---|---|---|---|---|---|---|---|
| 4 | 2 | 1 | 6 | 8 | 3 | 7 | 5 | 9 |
| 5 | 3 | 9 | 4 | 7 | 1 | 8 | 2 | 6 |
| 2 | 5 | 4 | 8 | 6 | 7 | 1 | 9 | 3 |
| 9 | 6 | 3 | 5 | 1 | 4 | 2 | 8 | 7 |
| 7 | 1 | 8 | 2 | 3 | 9 | 5 | 6 | 4 |
| 8 | 4 | 5 | 7 | 9 | 6 | 3 | 1 | 2 |
| 1 | 9 | 2 | 3 | 4 | 8 | 6 | 7 | 5 |
| 3 | 7 | 6 | 1 | 2 | 5 | 9 | 4 | 8 |

Su Doku

| 5 | 4 | 2 | 7 | 6 | 9 | 1 | 3 | 8 |
| 1 | 6 | 3 | 8 | 2 | 4 | 9 | 5 | 7 |
| 8 | 7 | 9 | 1 | 3 | 5 | 6 | 4 | 2 |
| 2 | 3 | 8 | 5 | 4 | 6 | 7 | 9 | 1 |
| 4 | 9 | 7 | 2 | 1 | 3 | 8 | 6 | 5 |
| 6 | 1 | 5 | 9 | 8 | 7 | 4 | 2 | 3 |
| 7 | 8 | 4 | 3 | 9 | 2 | 5 | 1 | 6 |
| 9 | 2 | 1 | 6 | 5 | 8 | 3 | 7 | 4 |
| 3 | 5 | 6 | 4 | 7 | 1 | 2 | 8 | 9 |

Solutions

| 2 | 8 | 3 | 4 | 6 | 5 | 9 | 1 | 7 |
| 4 | 6 | 1 | 7 | 8 | 9 | 3 | 2 | 5 |
| 5 | 9 | 7 | 1 | 2 | 3 | 6 | 4 | 8 |
| 1 | 4 | 8 | 9 | 3 | 2 | 7 | 5 | 6 |
| 9 | 7 | 5 | 6 | 4 | 1 | 2 | 8 | 3 |
| 6 | 3 | 2 | 5 | 7 | 8 | 1 | 9 | 4 |
| 3 | 2 | 6 | 8 | 9 | 4 | 5 | 7 | 1 |
| 7 | 5 | 4 | 2 | 1 | 6 | 8 | 3 | 9 |
| 8 | 1 | 9 | 3 | 5 | 7 | 4 | 6 | 2 |

Su Doku

| 6 | 8 | 1 | 9 | 7 | 2 | 4 | 5 | 3 |
|---|---|---|---|---|---|---|---|---|
| 3 | 4 | 5 | 1 | 8 | 6 | 2 | 7 | 9 |
| 2 | 9 | 7 | 5 | 4 | 3 | 1 | 8 | 6 |
| 7 | 1 | 9 | 2 | 6 | 8 | 3 | 4 | 5 |
| 8 | 2 | 4 | 3 | 5 | 1 | 6 | 9 | 7 |
| 5 | 3 | 6 | 4 | 9 | 7 | 8 | 2 | 1 |
| 9 | 7 | 3 | 6 | 2 | 4 | 5 | 1 | 8 |
| 4 | 6 | 8 | 7 | 1 | 5 | 9 | 3 | 2 |
| 1 | 5 | 2 | 8 | 3 | 9 | 7 | 6 | 4 |

Solutions

| 5 | 3 | 1 | 6 | 7 | 4 | 9 | 2 | 8 |
|---|---|---|---|---|---|---|---|---|
| 8 | 6 | 4 | 9 | 2 | 5 | 1 | 7 | 3 |
| 7 | 9 | 2 | 1 | 8 | 3 | 5 | 6 | 4 |
| 4 | 5 | 6 | 3 | 9 | 7 | 2 | 8 | 1 |
| 9 | 7 | 8 | 5 | 1 | 2 | 4 | 3 | 6 |
| 2 | 1 | 3 | 8 | 4 | 6 | 7 | 5 | 9 |
| 3 | 2 | 7 | 4 | 6 | 1 | 8 | 9 | 5 |
| 6 | 4 | 9 | 2 | 5 | 8 | 3 | 1 | 7 |
| 1 | 8 | 5 | 7 | 3 | 9 | 6 | 4 | 2 |

Su Doku

| 2 | 1 | 7 | 5 | 3 | 9 | 8 | 6 | 4 |
| 3 | 5 | 9 | 4 | 8 | 6 | 2 | 1 | 7 |
| 8 | 4 | 6 | 1 | 7 | 2 | 9 | 5 | 3 |
| 9 | 8 | 1 | 7 | 5 | 3 | 6 | 4 | 2 |
| 6 | 3 | 5 | 9 | 2 | 4 | 7 | 8 | 1 |
| 7 | 2 | 4 | 8 | 6 | 1 | 5 | 3 | 9 |
| 4 | 7 | 8 | 3 | 9 | 5 | 1 | 2 | 6 |
| 5 | 6 | 3 | 2 | 1 | 7 | 4 | 9 | 8 |
| 1 | 9 | 2 | 6 | 4 | 8 | 3 | 7 | 5 |

| 7 | 2 | 8 | 6 | 9 | 3 | 4 | 5 | 1 |
| 3 | 4 | 9 | 2 | 5 | 1 | 7 | 6 | 8 |
| 5 | 1 | 6 | 7 | 8 | 4 | 3 | 9 | 2 |
| 8 | 3 | 2 | 4 | 1 | 6 | 9 | 7 | 5 |
| 1 | 6 | 4 | 5 | 7 | 9 | 2 | 8 | 3 |
| 9 | 5 | 7 | 3 | 2 | 8 | 1 | 4 | 6 |
| 4 | 8 | 3 | 1 | 6 | 7 | 5 | 2 | 9 |
| 2 | 9 | 1 | 8 | 4 | 5 | 6 | 3 | 7 |
| 6 | 7 | 5 | 9 | 3 | 2 | 8 | 1 | 4 |

Su Doku

| 5 | 1 | 2 | 9 | 6 | 3 | 7 | 4 | 8 |
| 4 | 6 | 9 | 2 | 8 | 7 | 3 | 5 | 1 |
| 3 | 8 | 7 | 5 | 4 | 1 | 2 | 9 | 6 |
| 1 | 3 | 4 | 8 | 2 | 5 | 6 | 7 | 9 |
| 2 | 7 | 5 | 1 | 9 | 6 | 4 | 8 | 3 |
| 8 | 9 | 6 | 3 | 7 | 4 | 1 | 2 | 5 |
| 6 | 4 | 8 | 7 | 1 | 9 | 5 | 3 | 2 |
| 9 | 5 | 1 | 4 | 3 | 2 | 8 | 6 | 7 |
| 7 | 2 | 3 | 6 | 5 | 8 | 9 | 1 | 4 |

Solutions

| 6 | 9 | 7 | 2 | 1 | 4 | 5 | 8 | 3 |
|---|---|---|---|---|---|---|---|---|
| 3 | 4 | 2 | 6 | 8 | 5 | 7 | 9 | 1 |
| 1 | 5 | 8 | 9 | 7 | 3 | 6 | 4 | 2 |
| 2 | 6 | 9 | 5 | 4 | 7 | 3 | 1 | 8 |
| 5 | 3 | 1 | 8 | 9 | 6 | 2 | 7 | 4 |
| 7 | 8 | 4 | 3 | 2 | 1 | 9 | 6 | 5 |
| 4 | 1 | 3 | 7 | 5 | 9 | 8 | 2 | 6 |
| 8 | 7 | 6 | 1 | 3 | 2 | 4 | 5 | 9 |
| 9 | 2 | 5 | 4 | 6 | 8 | 1 | 3 | 7 |

Su Doku

| 6 | 5 | 3 | 8 | 1 | 4 | 7 | 9 | 2 |
|---|---|---|---|---|---|---|---|---|
| 7 | 1 | 4 | 6 | 2 | 9 | 3 | 5 | 8 |
| 2 | 8 | 9 | 7 | 5 | 3 | 6 | 4 | 1 |
| 1 | 4 | 8 | 9 | 3 | 2 | 5 | 7 | 6 |
| 5 | 3 | 6 | 1 | 4 | 7 | 2 | 8 | 9 |
| 9 | 2 | 7 | 5 | 8 | 6 | 4 | 1 | 3 |
| 3 | 9 | 5 | 2 | 7 | 8 | 1 | 6 | 4 |
| 8 | 7 | 2 | 4 | 6 | 1 | 9 | 3 | 5 |
| 4 | 6 | 1 | 3 | 9 | 5 | 8 | 2 | 7 |

Solutions

| 7 | 1 | 3 | 6 | 5 | 2 | 4 | 8 | 9 |
|---|---|---|---|---|---|---|---|---|
| 8 | 9 | 2 | 4 | 3 | 7 | 5 | 6 | 1 |
| 5 | 4 | 6 | 8 | 1 | 9 | 2 | 7 | 3 |
| 9 | 2 | 5 | 7 | 4 | 1 | 6 | 3 | 8 |
| 3 | 7 | 1 | 5 | 8 | 6 | 9 | 2 | 4 |
| 6 | 8 | 4 | 9 | 2 | 3 | 7 | 1 | 5 |
| 2 | 3 | 7 | 1 | 9 | 4 | 8 | 5 | 6 |
| 4 | 6 | 8 | 3 | 7 | 5 | 1 | 9 | 2 |
| 1 | 5 | 9 | 2 | 6 | 8 | 3 | 4 | 7 |

Su Doku

| 8 | 4 | 6 | 2 | 1 | 9 | 5 | 7 | 3 |
|---|---|---|---|---|---|---|---|---|
| 1 | 2 | 3 | 5 | 8 | 7 | 9 | 6 | 4 |
| 5 | 9 | 7 | 4 | 6 | 3 | 8 | 1 | 2 |
| 6 | 3 | 2 | 1 | 7 | 5 | 4 | 9 | 8 |
| 9 | 7 | 5 | 6 | 4 | 8 | 3 | 2 | 1 |
| 4 | 8 | 1 | 9 | 3 | 2 | 7 | 5 | 6 |
| 2 | 1 | 9 | 8 | 5 | 4 | 6 | 3 | 7 |
| 3 | 6 | 4 | 7 | 9 | 1 | 2 | 8 | 5 |
| 7 | 5 | 8 | 3 | 2 | 6 | 1 | 4 | 9 |

| 5 | 7 | 2 | 3 | 8 | 4 | 6 | 9 | 1 |
|---|---|---|---|---|---|---|---|---|
| 4 | 6 | 8 | 1 | 7 | 9 | 3 | 2 | 5 |
| 9 | 3 | 1 | 5 | 6 | 2 | 8 | 4 | 7 |
| 3 | 8 | 7 | 4 | 5 | 1 | 9 | 6 | 2 |
| 1 | 2 | 5 | 9 | 3 | 6 | 4 | 7 | 8 |
| 6 | 4 | 9 | 7 | 2 | 8 | 1 | 5 | 3 |
| 8 | 5 | 6 | 2 | 9 | 3 | 7 | 1 | 4 |
| 7 | 1 | 3 | 6 | 4 | 5 | 2 | 8 | 9 |
| 2 | 9 | 4 | 8 | 1 | 7 | 5 | 3 | 6 |

Su Doku

| 3 | 8 | 2 | 6 | 7 | 5 | 4 | 9 | 1 |
| 4 | 7 | 5 | 3 | 9 | 1 | 6 | 2 | 8 |
| 1 | 9 | 6 | 4 | 8 | 2 | 5 | 3 | 7 |
| 7 | 3 | 4 | 5 | 2 | 8 | 9 | 1 | 6 |
| 9 | 2 | 1 | 7 | 3 | 6 | 8 | 5 | 4 |
| 5 | 6 | 8 | 9 | 1 | 4 | 3 | 7 | 2 |
| 2 | 4 | 7 | 8 | 5 | 9 | 1 | 6 | 3 |
| 8 | 5 | 3 | 1 | 6 | 7 | 2 | 4 | 9 |
| 6 | 1 | 9 | 2 | 4 | 3 | 7 | 8 | 5 |

| 7 | 9 | 2 | 1 | 4 | 6 | 8 | 3 | 5 |
|---|---|---|---|---|---|---|---|---|
| 8 | 3 | 6 | 5 | 9 | 7 | 2 | 4 | 1 |
| 4 | 1 | 5 | 8 | 2 | 3 | 6 | 7 | 9 |
| 9 | 2 | 1 | 6 | 7 | 5 | 4 | 8 | 3 |
| 3 | 4 | 7 | 9 | 1 | 8 | 5 | 6 | 2 |
| 6 | 5 | 8 | 4 | 3 | 2 | 1 | 9 | 7 |
| 1 | 6 | 4 | 7 | 5 | 9 | 3 | 2 | 8 |
| 2 | 8 | 9 | 3 | 6 | 1 | 7 | 5 | 4 |
| 5 | 7 | 3 | 2 | 8 | 4 | 9 | 1 | 6 |

Su Doku

| 1 | 2 | 8 | 4 | 5 | 7 | 6 | 9 | 3 |
|---|---|---|---|---|---|---|---|---|
| 5 | 4 | 6 | 2 | 9 | 3 | 1 | 7 | 8 |
| 7 | 9 | 3 | 6 | 1 | 8 | 5 | 2 | 4 |
| 4 | 3 | 5 | 8 | 6 | 2 | 7 | 1 | 9 |
| 6 | 8 | 7 | 9 | 3 | 1 | 4 | 5 | 2 |
| 2 | 1 | 9 | 5 | 7 | 4 | 8 | 3 | 6 |
| 8 | 6 | 1 | 3 | 2 | 5 | 9 | 4 | 7 |
| 9 | 5 | 2 | 7 | 4 | 6 | 3 | 8 | 1 |
| 3 | 7 | 4 | 1 | 8 | 9 | 2 | 6 | 5 |

| 5 | 3 | 7 | 9 | 4 | 1 | 8 | 2 | 6 |
| 9 | 1 | 4 | 2 | 8 | 6 | 7 | 3 | 5 |
| 8 | 2 | 6 | 5 | 3 | 7 | 9 | 4 | 1 |
| 1 | 4 | 3 | 7 | 5 | 2 | 6 | 8 | 9 |
| 2 | 9 | 8 | 1 | 6 | 3 | 5 | 7 | 4 |
| 7 | 6 | 5 | 4 | 9 | 8 | 3 | 1 | 2 |
| 4 | 5 | 1 | 8 | 7 | 9 | 2 | 6 | 3 |
| 3 | 8 | 2 | 6 | 1 | 5 | 4 | 9 | 7 |
| 6 | 7 | 9 | 3 | 2 | 4 | 1 | 5 | 8 |

Su Doku

| 5 | 2 | 6 | 7 | 9 | 3 | 1 | 8 | 4 |
|---|---|---|---|---|---|---|---|---|
| 1 | 9 | 3 | 5 | 8 | 4 | 2 | 6 | 7 |
| 7 | 4 | 8 | 1 | 2 | 6 | 3 | 9 | 5 |
| 6 | 7 | 1 | 8 | 4 | 9 | 5 | 3 | 2 |
| 3 | 8 | 2 | 6 | 7 | 5 | 9 | 4 | 1 |
| 9 | 5 | 4 | 3 | 1 | 2 | 6 | 7 | 8 |
| 4 | 6 | 9 | 2 | 5 | 8 | 7 | 1 | 3 |
| 2 | 3 | 7 | 4 | 6 | 1 | 8 | 5 | 9 |
| 8 | 1 | 5 | 9 | 3 | 7 | 4 | 2 | 6 |

| 5 | 2 | 1 | 8 | 4 | 3 | 6 | 7 | 9 |
|---|---|---|---|---|---|---|---|---|
| 8 | 9 | 4 | 7 | 5 | 6 | 2 | 1 | 3 |
| 6 | 3 | 7 | 9 | 2 | 1 | 5 | 8 | 4 |
| 4 | 7 | 9 | 6 | 3 | 5 | 1 | 2 | 8 |
| 2 | 1 | 8 | 4 | 9 | 7 | 3 | 5 | 6 |
| 3 | 6 | 5 | 2 | 1 | 8 | 4 | 9 | 7 |
| 9 | 8 | 3 | 1 | 6 | 2 | 7 | 4 | 5 |
| 1 | 4 | 6 | 5 | 7 | 9 | 8 | 3 | 2 |
| 7 | 5 | 2 | 3 | 8 | 4 | 9 | 6 | 1 |

Su Doku

| 1 | 8 | 4 | 3 | 5 | 2 | 7 | 9 | 6 |
|---|---|---|---|---|---|---|---|---|
| 7 | 9 | 3 | 4 | 1 | 6 | 2 | 8 | 5 |
| 6 | 2 | 5 | 7 | 8 | 9 | 1 | 4 | 3 |
| 3 | 4 | 2 | 5 | 6 | 8 | 9 | 1 | 7 |
| 5 | 7 | 9 | 2 | 4 | 1 | 3 | 6 | 8 |
| 8 | 1 | 6 | 9 | 7 | 3 | 4 | 5 | 2 |
| 4 | 5 | 8 | 1 | 2 | 7 | 6 | 3 | 9 |
| 2 | 3 | 1 | 6 | 9 | 5 | 8 | 7 | 4 |
| 9 | 6 | 7 | 8 | 3 | 4 | 5 | 2 | 1 |

Solutions

| 8 | 4 | 3 | 1 | 5 | 9 | 7 | 6 | 2 |
|---|---|---|---|---|---|---|---|---|
| 5 | 1 | 2 | 3 | 6 | 7 | 9 | 4 | 8 |
| 9 | 7 | 6 | 8 | 4 | 2 | 1 | 5 | 3 |
| 1 | 6 | 7 | 9 | 8 | 5 | 3 | 2 | 4 |
| 4 | 8 | 5 | 2 | 7 | 3 | 6 | 9 | 1 |
| 3 | 2 | 9 | 4 | 1 | 6 | 8 | 7 | 5 |
| 6 | 9 | 4 | 5 | 3 | 1 | 2 | 8 | 7 |
| 7 | 5 | 1 | 6 | 2 | 8 | 4 | 3 | 9 |
| 2 | 3 | 8 | 7 | 9 | 4 | 5 | 1 | 6 |

Su Doku

| 6 | 5 | 3 | 4 | 7 | 9 | 1 | 8 | 2 |
| 2 | 7 | 9 | 1 | 3 | 8 | 5 | 6 | 4 |
| 8 | 4 | 1 | 2 | 5 | 6 | 3 | 9 | 7 |
| 4 | 8 | 6 | 5 | 9 | 2 | 7 | 3 | 1 |
| 5 | 3 | 2 | 6 | 1 | 7 | 8 | 4 | 9 |
| 1 | 9 | 7 | 8 | 4 | 3 | 2 | 5 | 6 |
| 3 | 6 | 5 | 9 | 2 | 1 | 4 | 7 | 8 |
| 7 | 1 | 8 | 3 | 6 | 4 | 9 | 2 | 5 |
| 9 | 2 | 4 | 7 | 8 | 5 | 6 | 1 | 3 |

| 4 | 3 | 7 | 2 | 1 | 6 | 9 | 5 | 8 |
|---|---|---|---|---|---|---|---|---|
| 2 | 8 | 9 | 4 | 3 | 5 | 1 | 7 | 6 |
| 5 | 6 | 1 | 9 | 8 | 7 | 3 | 2 | 4 |
| 9 | 1 | 4 | 6 | 5 | 2 | 8 | 3 | 7 |
| 8 | 2 | 3 | 7 | 4 | 1 | 6 | 9 | 5 |
| 7 | 5 | 6 | 8 | 9 | 3 | 2 | 4 | 1 |
| 6 | 4 | 8 | 3 | 7 | 9 | 5 | 1 | 2 |
| 1 | 9 | 2 | 5 | 6 | 4 | 7 | 8 | 3 |
| 3 | 7 | 5 | 1 | 2 | 8 | 4 | 6 | 9 |

Su Doku

| 6 | 3 | 4 | 5 | 2 | 9 | 1 | 8 | 7 |
|---|---|---|---|---|---|---|---|---|
| 2 | 5 | 1 | 6 | 8 | 7 | 3 | 9 | 4 |
| 8 | 7 | 9 | 3 | 1 | 4 | 5 | 6 | 2 |
| 4 | 6 | 2 | 7 | 9 | 5 | 8 | 3 | 1 |
| 3 | 1 | 5 | 2 | 4 | 8 | 6 | 7 | 9 |
| 7 | 9 | 8 | 1 | 3 | 6 | 4 | 2 | 5 |
| 1 | 4 | 3 | 8 | 7 | 2 | 9 | 5 | 6 |
| 9 | 2 | 6 | 4 | 5 | 3 | 7 | 1 | 8 |
| 5 | 8 | 7 | 9 | 6 | 1 | 2 | 4 | 3 |

| 6 | 4 | 5 | 9 | 3 | 7 | 2 | 8 | 1 |
|---|---|---|---|---|---|---|---|---|
| 2 | 9 | 3 | 4 | 8 | 1 | 6 | 7 | 5 |
| 8 | 1 | 7 | 6 | 5 | 2 | 9 | 4 | 3 |
| 7 | 2 | 4 | 3 | 1 | 6 | 8 | 5 | 9 |
| 9 | 3 | 1 | 8 | 2 | 5 | 4 | 6 | 7 |
| 5 | 6 | 8 | 7 | 4 | 9 | 3 | 1 | 2 |
| 1 | 5 | 9 | 2 | 6 | 8 | 7 | 3 | 4 |
| 3 | 7 | 6 | 1 | 9 | 4 | 5 | 2 | 8 |
| 4 | 8 | 2 | 5 | 7 | 3 | 1 | 9 | 6 |

Su Doku

| 4 | 9 | 2 | 8 | 1 | 3 | 6 | 5 | 7 |
|---|---|---|---|---|---|---|---|---|
| 8 | 6 | 7 | 2 | 4 | 5 | 3 | 9 | 1 |
| 5 | 1 | 3 | 9 | 7 | 6 | 4 | 8 | 2 |
| 7 | 5 | 9 | 4 | 6 | 1 | 2 | 3 | 8 |
| 6 | 2 | 4 | 5 | 3 | 8 | 1 | 7 | 9 |
| 3 | 8 | 1 | 7 | 9 | 2 | 5 | 6 | 4 |
| 1 | 4 | 5 | 3 | 8 | 7 | 9 | 2 | 6 |
| 9 | 3 | 8 | 6 | 2 | 4 | 7 | 1 | 5 |
| 2 | 7 | 6 | 1 | 5 | 9 | 8 | 4 | 3 |

Solutions

| 1 | 5 | 2 | 8 | 6 | 4 | 3 | 9 | 7 |
| 3 | 6 | 9 | 1 | 2 | 7 | 4 | 5 | 8 |
| 7 | 4 | 8 | 9 | 5 | 3 | 2 | 1 | 6 |
| 4 | 2 | 1 | 7 | 3 | 6 | 9 | 8 | 5 |
| 6 | 9 | 5 | 4 | 8 | 2 | 1 | 7 | 3 |
| 8 | 7 | 3 | 5 | 9 | 1 | 6 | 4 | 2 |
| 5 | 3 | 4 | 6 | 7 | 9 | 8 | 2 | 1 |
| 2 | 1 | 7 | 3 | 4 | 8 | 5 | 6 | 9 |
| 9 | 8 | 6 | 2 | 1 | 5 | 7 | 3 | 4 |

Su Doku

| 4 | 9 | 3 | 2 | 6 | 7 | 5 | 8 | 1 |
|---|---|---|---|---|---|---|---|---|
| 8 | 1 | 7 | 4 | 9 | 5 | 2 | 6 | 3 |
| 2 | 5 | 6 | 8 | 1 | 3 | 7 | 4 | 9 |
| 3 | 2 | 5 | 6 | 7 | 8 | 9 | 1 | 4 |
| 6 | 4 | 1 | 9 | 5 | 2 | 8 | 3 | 7 |
| 7 | 8 | 9 | 3 | 4 | 1 | 6 | 5 | 2 |
| 5 | 6 | 2 | 7 | 3 | 4 | 1 | 9 | 8 |
| 1 | 3 | 8 | 5 | 2 | 9 | 4 | 7 | 6 |
| 9 | 7 | 4 | 1 | 8 | 6 | 3 | 2 | 5 |

**79**

| 9 | 5 | 7 | 2 | 1 | 6 | 3 | 4 | 8 |
| 1 | 4 | 6 | 9 | 8 | 3 | 5 | 2 | 7 |
| 3 | 8 | 2 | 5 | 7 | 4 | 1 | 6 | 9 |
| 5 | 2 | 8 | 1 | 4 | 9 | 7 | 3 | 6 |
| 6 | 1 | 4 | 8 | 3 | 7 | 9 | 5 | 2 |
| 7 | 9 | 3 | 6 | 2 | 5 | 4 | 8 | 1 |
| 8 | 3 | 5 | 7 | 6 | 1 | 2 | 9 | 4 |
| 2 | 7 | 9 | 4 | 5 | 8 | 6 | 1 | 3 |
| 4 | 6 | 1 | 3 | 9 | 2 | 8 | 7 | 5 |

Su Doku

| 7 | 1 | 5 | 4 | 8 | 6 | 2 | 3 | 9 |
|---|---|---|---|---|---|---|---|---|
| 3 | 6 | 9 | 5 | 1 | 2 | 7 | 4 | 8 |
| 4 | 2 | 8 | 9 | 7 | 3 | 6 | 5 | 1 |
| 2 | 9 | 4 | 7 | 3 | 1 | 8 | 6 | 5 |
| 1 | 5 | 6 | 2 | 9 | 8 | 3 | 7 | 4 |
| 8 | 3 | 7 | 6 | 4 | 5 | 9 | 1 | 2 |
| 9 | 4 | 1 | 8 | 6 | 7 | 5 | 2 | 3 |
| 5 | 7 | 3 | 1 | 2 | 9 | 4 | 8 | 6 |
| 6 | 8 | 2 | 3 | 5 | 4 | 1 | 9 | 7 |

Solutions

**81**

| 4 | 9 | 7 | 3 | 6 | 5 | 2 | 1 | 8 |
| 2 | 1 | 5 | 4 | 8 | 9 | 7 | 6 | 3 |
| 8 | 3 | 6 | 7 | 1 | 2 | 9 | 4 | 5 |
| 6 | 2 | 9 | 8 | 3 | 7 | 1 | 5 | 4 |
| 1 | 7 | 4 | 2 | 5 | 6 | 8 | 3 | 9 |
| 3 | 5 | 8 | 9 | 4 | 1 | 6 | 2 | 7 |
| 5 | 8 | 1 | 6 | 9 | 4 | 3 | 7 | 2 |
| 7 | 4 | 3 | 1 | 2 | 8 | 5 | 9 | 6 |
| 9 | 6 | 2 | 5 | 7 | 3 | 4 | 8 | 1 |

Su Doku

| 9 | 3 | 8 | 1 | 6 | 4 | 2 | 5 | 7 |
| 2 | 7 | 6 | 3 | 8 | 5 | 4 | 1 | 9 |
| 1 | 4 | 5 | 7 | 2 | 9 | 6 | 8 | 3 |
| 4 | 9 | 7 | 5 | 3 | 1 | 8 | 6 | 2 |
| 5 | 2 | 3 | 8 | 4 | 6 | 9 | 7 | 1 |
| 8 | 6 | 1 | 9 | 7 | 2 | 3 | 4 | 5 |
| 7 | 1 | 2 | 4 | 9 | 8 | 5 | 3 | 6 |
| 6 | 5 | 4 | 2 | 1 | 3 | 7 | 9 | 8 |
| 3 | 8 | 9 | 6 | 5 | 7 | 1 | 2 | 4 |

Solutions

| 7 | 2 | 6 | 8 | 3 | 5 | 1 | 4 | 9 |
|---|---|---|---|---|---|---|---|---|
| 8 | 3 | 5 | 4 | 9 | 1 | 7 | 2 | 6 |
| 1 | 9 | 4 | 7 | 6 | 2 | 8 | 5 | 3 |
| 4 | 7 | 8 | 6 | 5 | 3 | 2 | 9 | 1 |
| 9 | 1 | 3 | 2 | 4 | 8 | 6 | 7 | 5 |
| 6 | 5 | 2 | 1 | 7 | 9 | 3 | 8 | 4 |
| 5 | 6 | 9 | 3 | 8 | 7 | 4 | 1 | 2 |
| 2 | 4 | 7 | 5 | 1 | 6 | 9 | 3 | 8 |
| 3 | 8 | 1 | 9 | 2 | 4 | 5 | 6 | 7 |

Su Doku

| 7 | 6 | 5 | 9 | 2 | 1 | 4 | 8 | 3 |
| 3 | 2 | 9 | 5 | 8 | 4 | 6 | 7 | 1 |
| 1 | 4 | 8 | 3 | 7 | 6 | 2 | 5 | 9 |
| 5 | 8 | 2 | 6 | 1 | 7 | 3 | 9 | 4 |
| 9 | 1 | 4 | 8 | 5 | 3 | 7 | 2 | 6 |
| 6 | 7 | 3 | 4 | 9 | 2 | 5 | 1 | 8 |
| 4 | 5 | 7 | 1 | 3 | 9 | 8 | 6 | 2 |
| 8 | 9 | 6 | 2 | 4 | 5 | 1 | 3 | 7 |
| 2 | 3 | 1 | 7 | 6 | 8 | 9 | 4 | 5 |

| 8 | 3 | 1 | 5 | 7 | 2 | 6 | 9 | 4 |
|---|---|---|---|---|---|---|---|---|
| 6 | 7 | 2 | 4 | 1 | 9 | 8 | 3 | 5 |
| 5 | 9 | 4 | 6 | 8 | 3 | 7 | 1 | 2 |
| 7 | 2 | 9 | 8 | 4 | 1 | 3 | 5 | 6 |
| 3 | 1 | 8 | 9 | 6 | 5 | 4 | 2 | 7 |
| 4 | 5 | 6 | 3 | 2 | 7 | 9 | 8 | 1 |
| 2 | 6 | 3 | 7 | 5 | 8 | 1 | 4 | 9 |
| 1 | 8 | 7 | 2 | 9 | 4 | 5 | 6 | 3 |
| 9 | 4 | 5 | 1 | 3 | 6 | 2 | 7 | 8 |

Su Doku

| 5 | 2 | 4 | 1 | 7 | 8 | 6 | 9 | 3 |
| 6 | 9 | 1 | 4 | 5 | 3 | 8 | 2 | 7 |
| 7 | 8 | 3 | 6 | 9 | 2 | 5 | 4 | 1 |
| 9 | 3 | 2 | 8 | 1 | 5 | 7 | 6 | 4 |
| 8 | 4 | 6 | 2 | 3 | 7 | 9 | 1 | 5 |
| 1 | 7 | 5 | 9 | 4 | 6 | 3 | 8 | 2 |
| 4 | 6 | 7 | 5 | 2 | 9 | 1 | 3 | 8 |
| 3 | 1 | 8 | 7 | 6 | 4 | 2 | 5 | 9 |
| 2 | 5 | 9 | 3 | 8 | 1 | 4 | 7 | 6 |

Solutions

| 7 | 5 | 3 | 4 | 9 | 6 | 2 | 1 | 8 |
| 4 | 6 | 2 | 7 | 8 | 1 | 5 | 9 | 3 |
| 9 | 8 | 1 | 5 | 2 | 3 | 7 | 4 | 6 |
| 2 | 9 | 7 | 6 | 3 | 4 | 1 | 8 | 5 |
| 1 | 4 | 6 | 2 | 5 | 8 | 9 | 3 | 7 |
| 5 | 3 | 8 | 9 | 1 | 7 | 6 | 2 | 4 |
| 3 | 2 | 9 | 8 | 7 | 5 | 4 | 6 | 1 |
| 6 | 1 | 5 | 3 | 4 | 9 | 8 | 7 | 2 |
| 8 | 7 | 4 | 1 | 6 | 2 | 3 | 5 | 9 |

Su Doku

| 9 | 4 | 8 | 5 | 3 | 2 | 6 | 7 | 1 |
|---|---|---|---|---|---|---|---|---|
| 7 | 2 | 1 | 9 | 8 | 6 | 4 | 5 | 3 |
| 6 | 5 | 3 | 7 | 1 | 4 | 9 | 2 | 8 |
| 1 | 9 | 2 | 6 | 4 | 8 | 7 | 3 | 5 |
| 3 | 8 | 5 | 1 | 9 | 7 | 2 | 4 | 6 |
| 4 | 7 | 6 | 2 | 5 | 3 | 8 | 1 | 9 |
| 5 | 1 | 4 | 8 | 7 | 9 | 3 | 6 | 2 |
| 8 | 6 | 7 | 3 | 2 | 1 | 5 | 9 | 4 |
| 2 | 3 | 9 | 4 | 6 | 5 | 1 | 8 | 7 |

Solutions

| 1 | 4 | 7 | 3 | 9 | 8 | 5 | 2 | 6 |
|---|---|---|---|---|---|---|---|---|
| 2 | 3 | 6 | 5 | 1 | 7 | 8 | 4 | 9 |
| 9 | 8 | 5 | 2 | 4 | 6 | 7 | 3 | 1 |
| 4 | 5 | 9 | 8 | 7 | 2 | 6 | 1 | 3 |
| 8 | 2 | 3 | 6 | 5 | 1 | 4 | 9 | 7 |
| 6 | 7 | 1 | 9 | 3 | 4 | 2 | 5 | 8 |
| 3 | 6 | 8 | 1 | 2 | 5 | 9 | 7 | 4 |
| 5 | 9 | 4 | 7 | 6 | 3 | 1 | 8 | 2 |
| 7 | 1 | 2 | 4 | 8 | 9 | 3 | 6 | 5 |

Su Doku

| 9 | 1 | 4 | 7 | 8 | 3 | 2 | 5 | 6 |
| 6 | 5 | 8 | 4 | 9 | 2 | 3 | 7 | 1 |
| 7 | 2 | 3 | 5 | 1 | 6 | 4 | 9 | 8 |
| 2 | 3 | 6 | 9 | 7 | 1 | 8 | 4 | 5 |
| 1 | 9 | 5 | 2 | 4 | 8 | 7 | 6 | 3 |
| 8 | 4 | 7 | 3 | 6 | 5 | 9 | 1 | 2 |
| 5 | 7 | 2 | 6 | 3 | 9 | 1 | 8 | 4 |
| 4 | 6 | 1 | 8 | 2 | 7 | 5 | 3 | 9 |
| 3 | 8 | 9 | 1 | 5 | 4 | 6 | 2 | 7 |

| 6 | 8 | 5 | 1 | 3 | 7 | 4 | 2 | 9 |
| 1 | 4 | 3 | 8 | 2 | 9 | 6 | 7 | 5 |
| 2 | 9 | 7 | 4 | 6 | 5 | 3 | 1 | 8 |
| 5 | 2 | 8 | 6 | 9 | 3 | 1 | 4 | 7 |
| 4 | 7 | 1 | 2 | 5 | 8 | 9 | 6 | 3 |
| 9 | 3 | 6 | 7 | 1 | 4 | 8 | 5 | 2 |
| 3 | 5 | 2 | 9 | 4 | 6 | 7 | 8 | 1 |
| 8 | 1 | 4 | 3 | 7 | 2 | 5 | 9 | 6 |
| 7 | 6 | 9 | 5 | 8 | 1 | 2 | 3 | 4 |

Su Doku

| 8 | 1 | 3 | 2 | 6 | 9 | 4 | 7 | 5 |
| 7 | 5 | 4 | 1 | 8 | 3 | 6 | 2 | 9 |
| 9 | 6 | 2 | 4 | 7 | 5 | 8 | 3 | 1 |
| 1 | 7 | 6 | 8 | 5 | 2 | 9 | 4 | 3 |
| 2 | 4 | 8 | 3 | 9 | 6 | 1 | 5 | 7 |
| 5 | 3 | 9 | 7 | 1 | 4 | 2 | 8 | 6 |
| 6 | 2 | 1 | 5 | 4 | 7 | 3 | 9 | 8 |
| 3 | 8 | 7 | 9 | 2 | 1 | 5 | 6 | 4 |
| 4 | 9 | 5 | 6 | 3 | 8 | 7 | 1 | 2 |

| 7 | 1 | 2 | 3 | 5 | 6 | 8 | 4 | 9 |
|---|---|---|---|---|---|---|---|---|
| 6 | 8 | 9 | 1 | 4 | 7 | 5 | 2 | 3 |
| 5 | 4 | 3 | 8 | 2 | 9 | 1 | 6 | 7 |
| 1 | 3 | 7 | 4 | 6 | 2 | 9 | 8 | 5 |
| 8 | 2 | 6 | 5 | 9 | 3 | 7 | 1 | 4 |
| 9 | 5 | 4 | 7 | 1 | 8 | 6 | 3 | 2 |
| 4 | 6 | 5 | 2 | 7 | 1 | 3 | 9 | 8 |
| 2 | 9 | 8 | 6 | 3 | 5 | 4 | 7 | 1 |
| 3 | 7 | 1 | 9 | 8 | 4 | 2 | 5 | 6 |

Su Doku

| 4 | 6 | 7 | 8 | 2 | 1 | 5 | 9 | 3 |
|---|---|---|---|---|---|---|---|---|
| 5 | 9 | 1 | 3 | 4 | 6 | 7 | 2 | 8 |
| 2 | 3 | 8 | 7 | 9 | 5 | 1 | 4 | 6 |
| 6 | 8 | 3 | 1 | 5 | 9 | 2 | 7 | 4 |
| 7 | 4 | 9 | 6 | 3 | 2 | 8 | 1 | 5 |
| 1 | 2 | 5 | 4 | 7 | 8 | 6 | 3 | 9 |
| 9 | 1 | 6 | 2 | 8 | 4 | 3 | 5 | 7 |
| 3 | 5 | 2 | 9 | 6 | 7 | 4 | 8 | 1 |
| 8 | 7 | 4 | 5 | 1 | 3 | 9 | 6 | 2 |

Solutions

| 5 | 1 | 9 | 3 | 4 | 8 | 6 | 7 | 2 |
| 8 | 6 | 4 | 9 | 2 | 7 | 1 | 3 | 5 |
| 7 | 3 | 2 | 5 | 6 | 1 | 4 | 9 | 8 |
| 6 | 5 | 7 | 1 | 3 | 4 | 8 | 2 | 9 |
| 3 | 2 | 1 | 8 | 9 | 5 | 7 | 4 | 6 |
| 9 | 4 | 8 | 2 | 7 | 6 | 5 | 1 | 3 |
| 1 | 7 | 3 | 6 | 8 | 2 | 9 | 5 | 4 |
| 2 | 8 | 5 | 4 | 1 | 9 | 3 | 6 | 7 |
| 4 | 9 | 6 | 7 | 5 | 3 | 2 | 8 | 1 |

Su Doku

| 7 | 9 | 5 | 2 | 3 | 4 | 6 | 1 | 8 |
|---|---|---|---|---|---|---|---|---|
| 6 | 2 | 3 | 9 | 8 | 1 | 4 | 7 | 5 |
| 4 | 8 | 1 | 5 | 7 | 6 | 2 | 9 | 3 |
| 5 | 1 | 7 | 3 | 4 | 8 | 9 | 2 | 6 |
| 9 | 4 | 6 | 1 | 5 | 2 | 8 | 3 | 7 |
| 8 | 3 | 2 | 6 | 9 | 7 | 5 | 4 | 1 |
| 1 | 5 | 4 | 8 | 2 | 3 | 7 | 6 | 9 |
| 2 | 6 | 9 | 7 | 1 | 5 | 3 | 8 | 4 |
| 3 | 7 | 8 | 4 | 6 | 9 | 1 | 5 | 2 |

| 4 | 2 | 9 | 3 | 1 | 8 | 5 | 6 | 7 |
|---|---|---|---|---|---|---|---|---|
| 6 | 7 | 8 | 5 | 9 | 4 | 2 | 1 | 3 |
| 5 | 1 | 3 | 7 | 2 | 6 | 9 | 4 | 8 |
| 3 | 4 | 6 | 1 | 8 | 2 | 7 | 9 | 5 |
| 1 | 8 | 2 | 9 | 5 | 7 | 4 | 3 | 6 |
| 9 | 5 | 7 | 4 | 6 | 3 | 1 | 8 | 2 |
| 7 | 3 | 1 | 6 | 4 | 5 | 8 | 2 | 9 |
| 2 | 6 | 4 | 8 | 7 | 9 | 3 | 5 | 1 |
| 8 | 9 | 5 | 2 | 3 | 1 | 6 | 7 | 4 |

Su Doku

| 5 | 7 | 1 | 4 | 9 | 8 | 6 | 3 | 2 |
| 6 | 8 | 3 | 5 | 7 | 2 | 4 | 9 | 1 |
| 2 | 9 | 4 | 1 | 6 | 3 | 8 | 5 | 7 |
| 1 | 5 | 9 | 8 | 3 | 7 | 2 | 4 | 6 |
| 8 | 2 | 6 | 9 | 4 | 1 | 5 | 7 | 3 |
| 3 | 4 | 7 | 6 | 2 | 5 | 9 | 1 | 8 |
| 9 | 3 | 2 | 7 | 8 | 4 | 1 | 6 | 5 |
| 4 | 1 | 8 | 3 | 5 | 6 | 7 | 2 | 9 |
| 7 | 6 | 5 | 2 | 1 | 9 | 3 | 8 | 4 |

| 5 | 4 | 6 | 9 | 1 | 7 | 3 | 2 | 8 |
|---|---|---|---|---|---|---|---|---|
| 7 | 3 | 9 | 6 | 8 | 2 | 4 | 1 | 5 |
| 8 | 1 | 2 | 5 | 3 | 4 | 9 | 7 | 6 |
| 3 | 9 | 1 | 4 | 5 | 8 | 7 | 6 | 2 |
| 2 | 7 | 4 | 3 | 6 | 1 | 8 | 5 | 9 |
| 6 | 8 | 5 | 2 | 7 | 9 | 1 | 4 | 3 |
| 1 | 2 | 3 | 8 | 4 | 6 | 5 | 9 | 7 |
| 9 | 5 | 7 | 1 | 2 | 3 | 6 | 8 | 4 |
| 4 | 6 | 8 | 7 | 9 | 5 | 2 | 3 | 1 |

Su Doku

| 2 | 3 | 1 | 4 | 6 | 8 | 7 | 5 | 9 |
|---|---|---|---|---|---|---|---|---|
| 5 | 6 | 7 | 3 | 9 | 2 | 8 | 4 | 1 |
| 4 | 9 | 8 | 1 | 5 | 7 | 3 | 6 | 2 |
| 3 | 2 | 9 | 6 | 4 | 5 | 1 | 8 | 7 |
| 6 | 8 | 5 | 2 | 7 | 1 | 9 | 3 | 4 |
| 7 | 1 | 4 | 8 | 3 | 9 | 5 | 2 | 6 |
| 8 | 4 | 3 | 7 | 1 | 6 | 2 | 9 | 5 |
| 1 | 5 | 2 | 9 | 8 | 4 | 6 | 7 | 3 |
| 9 | 7 | 6 | 5 | 2 | 3 | 4 | 1 | 8 |

Solutions

# Practice Grids

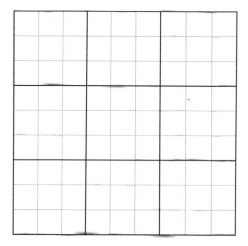

Practice Grids

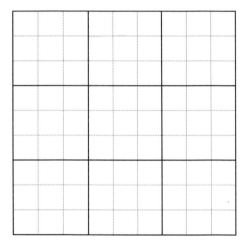

Su Doku

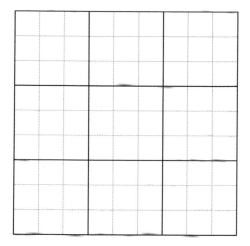

Practice Grids

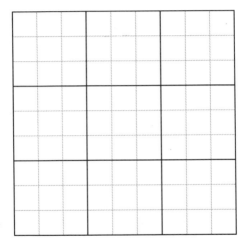

Su Doku

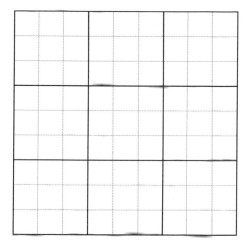

Practice Grids

Su Doku

Practice Grids

Su Doku

Practice Grids

Su Doku

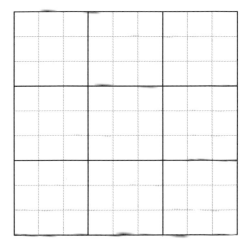

Practice Grids

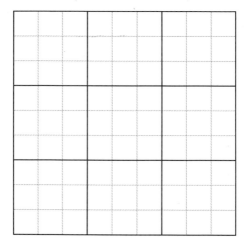

Su Doku

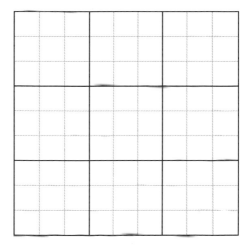

Practice Grids

**Puzzles by Pappocom** presents

# www.sudoku.com

the Su Doku website for all Su Doku fans. Check
it out for tips on solving, and for all the latest
news in the world of Sudoku.

## Want more puzzles
## of your favourite grade?

For an endless supply
of the best Su Doku puzzles
get the **Sudoku program** for your Windows PC.
Download a 28-day
free try-out version of the program
from www.sudoku.com/download.htm

*Here's what you can do with the computer program that you cannot do with pencil and paper:*

- Never run out of the grade of puzzle you enjoy the most
- Check whether your answer is correct with just one click
- Elect to be alerted if you make a wrong entry
- Delete numbers easily, with just a click
- Elect to have your puzzles timed, automatically
- Get hints, if you need them
- Replay the same puzzle, as many times as you like

# THE ☙TIMES

# Su Doku